Marion Musenbichler

Es gibt keine Lösung: Hier ist sie

THEORIE

Erwecke das Schöpferpotential in dir

Lektorat: Andrea Ellmauer (korrigiert nach Schweizer-Rechtschreibung)
Druck: Satz + Druck AG, Gagoz 73, FL-9496 Balzers
Satz-, Innen- und Umschlaggestaltung: Marion Musenbichler
Hintergrund-Symbole: Anamcara DNS Lichtträger-Symbole, zur Verfügung gestellt von der energetischen Welt/2004
Illustrationen: Nicole Kropp

Anamcara Verlag
Marion Musenbichler
Rotenboden 228B, FL-9497 Triesenberg,
Tel.: +423/262 01 51, Fax: +423/262 01 52
www.anamcara.li o www.immo-sale.com
E-Mail: mm@anamcara.li

1. Auflage 2007
ISBN 978-3-9523278-0-7
(2006/2007 als limitierte Sondereditionen erschienen)

Schenk jemandem etwas ganz Besonderes:
schenk ihm Zeit.
Nicht Zeit, um sie mit dir zu verbringen:
schenk ihm Zeit, die er sich frei einteilen kann.
Er kann entscheiden, was er mit dieser Zeit
anfangen will.
Sei nicht traurig, wenn er die Zeit nicht mit dir
verbringt.
Denk einfach an ihn und fühle wie glücklich er
in diesem Moment ist.
Durch dieses Glück wird deine Liebe zum Licht
und zur Quelle, die niemals versiegt.

Bei einigen Wörtern und Textstellen wurden umgangssprachliche Ausdrücke beibehalten, um den harmonischen Textfluss nicht zu unterbrechen. Übermittelte Texte, entsprechen nicht immer der gewohnten, herkömmlichen Schreibweise. Es gibt Passagen, die der Verstand nicht greifen kann. Hier gilt, lediglich die Schwingung auf sich wirken zu lassen, ohne sich zu lange darin aufzuhalten. Und merke: Das Wesentliche an diesem Buch sind weder das Wort noch die Schreibweise.

Ich habe in diesem Buch bei Dialogen und persönlichen Ansprachen weitgehend "bewusst" auf Ausrufezeichen verzichtet. Es braucht keinen Nachdruck, keinen Zwang und keine Aufforderung. Kein Muss, denn alles geschieht freiwillig. Deine Seele darf sein, wie sie möchte. Alles, was du aus ganzem Herzen willst, wird geschehen. Es bietet sich hier nur eine Möglichkeit an, die du nutzen kannst, oder auch nicht. Wenn du dich nicht dafür öffnen möchtest, dann wird dir auch ein Ausrufezeichen nicht besonders hilfreich sein.

Ich freue mich, wenn du die Wahl triffst, es anzunehmen.
Ich freue mich, wenn du die Wahl triffst, es nicht anzunehmen.
Ich freue mich über deine Wahl.
Ich freue mich über eine Wahl.
Ich freue mich.

INHALTSVERZEICHNIS ZUR THEORIE

Eine alte Geschichte erzählt von der geistigen Welt. Höhere Mächte hatten zu entscheiden, wo sie die höchste Kraft des Universums – die Antwort auf all unsere Fragen – verstecken sollten, damit keiner der Menschen dieses Geheimnis je erfahren sollte, bevor er nicht dazu reif war, diese Kraft auch verantwortungsvoll einzusetzen.
Ein Teil dieser Macht entschied sich für ein Versteck auf der Spitze des höchsten Berges. Ein anderer Teil dieser Macht hatte den Vorschlag, sie auf dem Grunde des Meeres zu verstecken. Ein weiterer Teil dieser Macht hatte die Idee, diese Kraft tief in den Wäldern zu verbergen. Denn alle wollten, dass die grösste Macht der Liebe und der Erkenntnis nur dem zur Verfügung steht, der auch wirklich reif war für diese Erfahrung.
So traten sie vor das höchste Gericht des Universums. Die weisesten Mächte sprachen: *„Diese Orte sind nicht sicher genug. Es könnte jemand dorthin gelangen, der noch nicht offen genug für diese wertvolle Botschaft ist.“* Weiters sprachen sie: *„Ich weiss, wo wir diese höchste Kraft verstecken. Wo nie jemand danach suchen wird, bevor er nicht dazu bereit ist, den Weg nach innen zu gehen. Wir verstecken diese Kraft im Menschen selbst. Da wird sie immer sein, und da ist sie immer noch, bis wir sie in Besitz nehmen und achtsamen Gebrauch davon machen. Und der, der bereit ist, kann das Abenteuer des eigentlichen Lebens beginnen.* *(Verfasser unbekannt)*

Beflügelt durch Erzengel Ariel begleiten uns diese liebevollen Seiten zu dem Versteck, in dem wir dieser „höchsten Kraft“ begegnen werden. Wir sind im Ursprung geboren und entfernen uns bereits im jungen Kindesalter immer weiter von uns selbst. Deshalb muss ich nicht etwas werden, sondern mich lediglich daran *er-innern,* was ich bin, immer schon war und immer sein werde. Entscheide dich jetzt und triff die Wahl, *die Inkarnation der Liebe zu sein.*

Über das kristalline Wirkfeld ist es möglich, deine Herzensbedürfnisse zu manifestieren und somit nach aussen zu tragen. Ein kristallines Wirkfeld ist innerhalb des morphogenetischen Feldes mit der Schöpfungsmatrix verbunden. Beim Lesen dieses Buches bist du automatisch mit dem kristallinen Wirkfeld verbunden, in dem sich dein Schöpferpotential entfalten kann. Dieses Potential wird freigesetzt, wenn du das Buch liest, es unter dein Kopfkissen legst, es ansiehst oder es einfach nur in deinen Händen hältst. Dieses Potential wird sich noch intensiver entfalten können, wenn du bewusst dein Herz dafür öffnest. Wenn du das Gefühl hast, etwas in dir könnte dich blockieren, um dich diesem Fluss hinzugeben, dann schliesse jetzt die Augen und stell dir vor, dein Herz ist eine Knospe und blüht zu einer wunderbaren grossen Blüte auf. Lass es in Zeitlupe und in aller Farbenpracht geschehen. Somit kannst du die Schwingung dieses Buches noch intensiver wahrnehmen.
Dein Verstand wird den Text vielleicht nicht immer nachvollziehen können. Da die Dinge aber nie so sind wie sie scheinen, lass ihn einfach auf dich wirken, indem du dich vor dem Lesen dieser kleinen Vorstellung hingibst und während des Lesens das Nachdenken sein lässt. Ertappst du dich dabei, ab und zu etwas abzuschweifen, dann wiederhole diese Übung ganz kurz, um wieder bei dir anzukommen.
Deine Bereitschaft hat dich heute zu diesem Buch geführt. Ich nenne es bewusst nicht „Arbeitsbuch", sondern „Wirkbuch". Egal, ob du die Hilfestellung *„Werkzeuge"* im *Praxisteil* anwendest oder nicht: dieses Buch wird grundlegende Dinge in deinem Leben wie Begebenheiten, Situationen oder körperliche Einschränkungen auf irgendeine Art und Weise ändern und deine Sichtweise und Wahrnehmungen neutralisieren, um sie transparenter, offener und leichter werden zu lassen.

Um diese wirkungsvolle Kraft noch etwas zu verstärken, habe ich dem Hintergrund des Textfeldes noch Symbole hinzugefügt. Diese Lichtträgersymbole gleichen zusätzlich Fehlprogramme aus und harmonisieren eventuelle Unausgeglichenheiten der Seelenstruktur. Es wird hier ganz sanft das angeschoben, was jetzt hervortreten und somit integriert und transformiert werden will. All das, was geschieht, darf geschehen, alles andere ruht, denn alles obliegt dem Prinzip des freien

Willens, das dem höchsten Gut des Daseins entspricht.
Das Wirkfeld enthält die Energie der weiblichen und männlichen Verschmelzung, das heisst Ganzheit und Verschmelzung mit allem was ist. Die Nullpunktenergie resultiert aus der absoluten Neutralität des Seins, frei von jeglichen Bewertungen. Die Nullpunktenergie (Neutralität) ist die stärkste Energie, die existiert. Aus dieser Schwingung heraus nutzt du dein absolutes Schöpferpotential, weil du dann nichts mehr suchst oder nichts mehr sein willst, indem du es bist.

Die Wandlung unseres physischen Körpers, welche teilweise auch mit schmerzhaften Begleiterscheinungen einher gehen kann, wirkt in der Form, dass er selbst mehr und mehr in die feinstoffliche Ebene hineinwächst, wodurch unsere Zellen die Sichtweise der Multidimensionalität Schritt für Schritt erkennen werden. (Aufstiegs- bzw. Transformations-Prozesse). Unsere feinstofflichen Körper verdichten sich dadurch innerhalb der zellularen Matrix unseres grobstofflichen Körpers und halten somit das kristalline Licht in unseren Zellen aufrecht. Dadurch wird eine Rückerinnerung unseres höheren Seins in Zusammenwirkung mit den **universellen Gesetzmässigkeiten** (beschrieben in meinem Buch „Der Sprung in die Wirklichkeit") erweckt, und dies lässt unsere Erdenreise zu einer freudvollen, fruchtbaren Seelenlichtreise werden. Um sein volles Seelenpotential entfalten zu können, ist es neben der Öffnung zu den „inneren Schätzen" erforderlich, die Bereitschaft zu entwickeln, sich aus den alten materiellen Strukturen und *Anhaftungen zu diesen* zu lösen.

Du *musst* dir aus dem ganzen Inhalt des Buches nichts merken, du *musst* auch nichts wissen. Wir erinnern dich hier lediglich durch ein paar Worte an den Schlüssel zum „Sein": **Kümmere dich „nur" um dich selbst. So kümmerst du dich um alles, was ist – gleichzeitig. Geh in die Selbstzentrierung. Bleibe stets bei dir. Im Gedanken, im Wort, im Gefühl – in allem. Du stehst dir nicht mehr im Wege, wenn du beginnst, „nur" dich selbst wahrzunehmen.**
Du wirst unendlich geliebt…
… von allen Menschen, Meistern, Engeln und Wesenheiten, die stets bei dir sind.

Die neue Art des Textes wurde so gestaltet, dass der energetische Inhalt durch das Lesen direkt auf das Seelenbewusstsein des einzelnen Menschen einwirkt. Dadurch wird die eigene Schwingungsfrequenz der Seele erhöht. Jede Erhöhung bedeutet Erleichterung, Leichtigkeit. Die Erhöhung wird direkt durch das, was man als höheres Selbst oder göttlichen Funken kennt, bewirkt. Die Eingaben werden auf eine spezifische Art geschrieben und sprechen direkt mit deiner emotionalen Datenbank. Durch das Lesen des Geschriebenen nutzt du diese Schwingungs-Frequenz. Während des Lesens wird dein Bio-Feld um ca. zehntausend Einheiten erhöht, so dass der innere Empfang etwas mehr konzentriert ist.

In diesem Theorieteil, welcher fünf Schritte beinhaltet, findest du unter anderem Sätze wie „Liebe dich, wie du bist.", „Bejahe dich in allem." oder sinngemäss ähnliche Aussagen. Denke in diesem Moment nicht „Wie geht das?" oder „Leichter gesagt als getan!". Werde nicht ungeduldig und lass dich nicht von deinem Denken ablenken. Die Anwendungsmöglichkeiten für die Umsetzung dieser Sätze folgen im *Praxisteil. Bis* dahin wirst du auch immer wieder geprüft, wie weit du in deiner Mitte bleibst. Sieh selbst, wie weit es dir gelingt, über den Verstand nicht näher darauf einzugehen. Denk nicht weiter über Sätze nach, die dich zum Nachdenken auffordern. Nimm sie zur Kenntnis und lass sie einfach so im Raum stehen.

***Okay – Aussen – Alles – Vollkommenheit* und *Liebe* sind Worte, die in diesem Buch sehr häufig in den Text einfliessen. Es ist notwendig, genau diese Bezeichnungen öfters zu verwenden, weil es dafür keine gleichwertigen Ausdrücke gibt und es sind bewusst sinngemäss wiederkehrende Wiederholungen von Sätzen eingebaut, damit sie sich in deiner Seele verankern.** Das gesprochene Wort ist immer noch die primitivste Art, sich mitzuteilen und im Prinzip kann man Gefühle nicht in Wörter verpacken. Jegliche Informationen sind im morphogenetischen Feld abgespeichert, somit für jedermann frei abrufbar und wir definieren uns immer noch über Kopf – Wort – Ego. Solange wir uns nicht darin verstehen, diese Art der Wahrnehmung über Herz –

Bild – Gefühl zu nutzen, müssen wir uns überhaupt nicht wundern, dass Menschen immer noch gegen die Erde, gegen das Leben und dadurch letztendlich gegen sich selbst ankämpfen – dass so viele Menschen mit körperlichen Einschränkungen konfrontiert sind, dass die momentane Weltsituation so ist, wie sie ist.

Auch wenn es das gesprochene Wort nicht mehr braucht, weil es im Menschen nichts bewegt, sondern nur den Verstand erreicht, definieren wir uns immer noch über das Wort. Im Ausdruck von Worten wird man immer Schwachpunkte finden, da man eine Botschaft, die über das Gefühl empfangen wird, nur schwer in absoluter Neutralität weitergeben kann, um den gewollten Ausdruck zu verleihen. Um Schwachpunkte aufzuzeigen, bedarf es noch der Verwendung von Wörtern, die etwas unstimmig scheinen. Würde man auf alle Wörter die z.B. eine „un- "oder „ver-" Silbe enthalten, sowie auf alle „nicht" bzw. Verneinungen verzichten, würde die Darstellung nicht wie gewollt bei dir ankommen.
Denk über das Geschriebene nicht nach, lass es lediglich auf dich wirken. Lies nicht den zweiten Teil des Buches zuerst, weil du glaubst, dass die Anwendungen alleine ausreichen würden, indem du dich wieder mal für den bequemeren Weg entscheidest. Die Schritte sind energetisch so aufgebaut, dass – bis hin zu den „Übungsbeispielen" – *in dir* etwas freigesetzt wird, um den Abschluss dann auch mit Bravour zu meistern.

Die Wirkung der erhöhten Schwingungsfrequenz des Geschriebenen wird begleitet von der speziellen Art der Darstellung. Das sind Formulierungen, bildliche Vorstellungen und Dialoge, die eine zusätzliche Bewegung in deinem Herzen auslösen. Mit dieser Darstellung ist es dir möglich, es anwenden zu können und umsetzen zu wollen. Weil es einfach ist. Weil es Spass macht. Weil es zudem auch logisch klingt und leicht zu verstehen ist. Im Prinzip ist es gar nicht wichtig, etwas zu verstehen. Würde dein Verstand jedoch gar nichts damit anfangen können, würdest du Gefahr laufen, es nicht umzusetzen zu wollen. **Das Problem ist nicht, dass wir Dinge nicht verstehen, das Problem ist, dass wir versuchen, überhaupt etwas zu verstehen.** Das „Verstehenwollen" ist ein grosser

Mangel der Menschheit, der uns davon abhält, bei uns zu bleiben. Du willst fernsehen. Interessierst du dich dafür, wo das Bild herkommt, oder willst du einfach nur deine Sendung sehen? Alle Dinge, die wir kennen, die in unseren Gewohnheiten beinhaltet sind, scheinen selbstverständlich zu sein. Wenn du eine Suppe isst, denkst du ja auch nicht jedes Mal wie du jetzt den Löffel in deiner Hand in den Teller eintauchst, dann zum Mund führst, den Mund öffnest, den Löffel in den Mund schiebst, den Mund schliesst, die Suppe hinunter schluckst, den Mund wieder aufmachst, den Löffel wieder heraus ziehst, denn das läuft alles automatisch ab. Hättest du das aber noch nie gemacht, würde dies an ein Wunder grenzen. Für solche Abläufe merkst du dein Denken gar nicht mehr, weil du es dir sehr gut eingeprägt hast. Jedoch alles, was neu ist, was Angst macht, was ungewohnt ist, wird hinterfragt – weil es dir fremd *erscheint*.
Dieses ewige Hinterfragen, welches wir so an uns haben, bestätigt nur die Angst vor der Realität, die wir aber als Illusion wahrnehmen. Indem wir uns ständig in der Illusion des Denkens aufhalten, ist es uns nicht möglich, uns der Realität zu widmen. So entfernen wir uns von dem, was ist und widmen uns lieber unseren Ideen und Hirngespinsten. Weil wir es so gewohnt sind. Weil wir es immer schon so gemacht haben. Weil wir glauben, dass es so gehört. Weil wir es uns „antrainiert" haben. Sich in etwas hinein zu begeben, sich hinzugeben, sich fallen zu lassen empfinden wir als unangenehm, weil wir glauben, keine Kontrolle mehr über uns zu haben. Aber warum kontrollieren wir uns? Worin begrenzen wir uns?

Der Mensch ist eher bequem und träge und alles, was er nicht tun muss, was Mühe bereitet und was anstrengend ist, will und möchte er nicht anwenden, tun oder umsetzen. Ganz klar, denn es entspricht nicht dem Naturell Mensch, Anforderungen zu entsprechen oder Richtlinien und Anleitungen zu befolgen. Ich bin mir sicher, dass wir nichts im Leben tun müssen, um zum Ursprung zurückzukehren. In Bezug auf dieses Buch gilt dasselbe. Du kannst das Gefühl dafür entwickeln, das Geschriebene nicht mit dem Verstand sondern mit dem Herzen „zu verstehen". Und um in Zukunft bei meinen Telefonsitzungen nicht nur Zeit einzusparen, sondern auch zu vermeiden, dies alles im Detail zu erklären, dafür schreibe ich es nun nieder. Ich schreibe es für alle Menschen, die jetzt bereit dafür sind, ihrer Seele zu begegnen. So kannst du es immer wieder auf dich wirken lassen, dich im Gespräch mit mir fallen lassen, ohne dir etwas merken zu müssen oder gar etwas mitzuschreiben. Es ist wichtig, sich mit diesen Hilfestellungen nicht vom Wesentlichen *des Moments* abzulenken.

Eine Reisegruppe geht auf Safari und alle Beteiligten fotografieren ohne Ende. Ein einziger Mensch wohnt dem bei, der in seiner Gelassenheit die Landschaft und Tiere beobachtet, ohne es mit der Kamera festzuhalten. Einer der Reisegruppe wundert sich darüber und spricht ihn darauf an: „Möchten Sie denn keine Fotos machen? Wenn Sie keinen Fotoapparat haben, kann ich gerne für Sie ein paar Bilder machen." „Nein danke.", entgegnet er. „Ich sehe es mir lieber hier an!"

Kurze Worte, tiefer Sinn.

Es wird viel darüber geredet und geschrieben, wie toll es sein muss, diesen *Ist-Zustand* zu leben, in die Liebe und Stille zu gehen und einfach nur zu sein. Es scheitert immer an der Umsetzung, weil ich es ja weiss, wie es sein sollte – aber nicht weiss, was ich dafür tun kann. Hier in diesem Buch geht es darum, Möglichkeiten aufzuzeigen, die du nutzen kannst, um es auch umsetzen zu können und um dieses unendliche Glück nicht nur vom Lesen und vom Hörensagen zu kennen, sondern auch *endlich erfahren* zu dürfen. Was soll ich mit diesen ewigen Berieselungen anfangen, die ich lediglich als „gescheites Daherreden von endlosen Wiederholungen" empfinde? Ich weiss es ja. Nun, es

hilft nichts, es zu wissen, wenn es immer noch nicht im Herzen angekommen ist. Dieses Wissen ist also bis jetzt nur bis zu meinem Kopf vorgedrungen und dort nützt es nicht viel. Es geht hier um eine komplette „Umprogrammierung", eine Veränderung, die keine Veränderung ist, sondern ein Zurückkehren darstellt.
Wenn du von deiner im Denken verankerten Ebene des „Tuns" in deine Herzensebene des „Wirkens" heimkehrst, ist es geschehen. Seit Kindesbeinen an bist du in deiner jetzigen Sicht- und Denkweise „gefangen". Jetzt weisst du, wo du hin willst, aber du weisst nicht, wie du dort hingelangen kannst. Du kennst den Weg, aber dein Kopf kennt die Antwort nicht – du suchst sie aber dort. Die Antwort ist einzig und alleine in deinem Herzen zu finden, nur du weisst nicht, wie du mit diesem in Kontakt treten kannst. Weil du das verlernt hast, bleibst du weiterhin auf der Ebene des Verstandes und suchst weiterhin nach einer Lösung, die es da nicht gibt. Gehst du in einen Französischkurs, wenn du italienisch lernen willst?
Es gibt keine Lösung, die man in Worte fassen kann, denn wenn du aus der Schwingungsfrequenz des Verstandes ausbrichst und auf die Herzensfrequenz umziehst, *lebst du die Lösung – weil du dann die Lösung bist.* Für diesen Umzug gibt es wahrscheinlich Tausende von Möglichkeiten. Ich erzähle hier von einer, die ich selbst durchlebt habe. Also wollen wir mal Schritt für Schritt die Koffer packen. Dieser Umzug will gut vorbereitet sein. Auch wenn du keine Möbel und keinen Altkram mitnehmen wirst, es keiner Planung bedarf, es auch überhaupt nicht anstrengend ist und kein bisschen weh tut, nehme ich dich doch bei der Hand, damit du sanft und sicher dort ankommst. Es ist wie ein Haus, dem du jahrelang den Rücken zugewandt hast. Du brauchst dich nur umzudrehen, um zu sehen, was vor dir ist. Aus deiner jetzigen Sichtweise heraus liegt es aber hinter dir. Wenn du deine Sichtweise änderst, wird es vor dir liegen. Es liegt an dir.

Es ist meine Aufgabe, dich – aus ganzem Herzen heraus – an deine Vollkommenheit zu erinnern, an das, *was du bist.* Bis hin zur Umsetzung, die du im *Praxisteil* findest, möchte ich dir ein paar Wahrnehmungen, Durchsagen, Eingaben und Empfindungen aus der ewig sprudelnden Quelle des Seins weitergeben, die etwas in dir wach rütteln. Wie bereits erwähnt, werden sie dich innerlich berühren, dass du danach nicht nur weisst, wie es sein soll, wie es gedacht ist und wie es funktionieren soll, sondern: du bekommst etwas in die „Hand“ gegeben, damit du es dann auch tatsächlich umsetzen kannst. Was nützt es, wenn du weisst: „Ich *muss* mich zuerst lieben, damit sich etwas bewegt. Die Liebe in mir macht mich *heil*. Ich sollte Gedankenstille halten. Einfach nur sein.“ Grosse Worte…

… aber wenn ich dir ein Auto schenke und du voller Freude einsteigen möchtest, um damit zu fahren und ich dir den Schlüssel nicht gebe, nützt dir das auch nicht viel. Deshalb braucht es eine Art *Werkzeug* für die „Baustelle Mensch“. Denn wer die Spielregeln nicht beherrscht, wird aus seiner Sichtweise heraus ein ewiger „Verlierer“ sein, oder besser gesagt, sich als solcher fühlen. Du möchtest gewinnen? Okay, dann los! Das Spiel kann beginnen.

Alles was ist, besteht und existiert, ist absolut *gleich-wertig*. Um dies zu erkennen, brauche ich vielleicht nicht so lange, wenn ich es nicht längst schon begriffen habe. Aber dass „alles, was ist" und „alles, was existiert" den Zustand und Ablauf seiner Existenz bewusst oder unbewusst selbst bestimmt, dafür brauche ich vielleicht etwas länger, um das auch zu erspüren. Und wenn ich es schon erkannt habe, weiss ich immer noch nicht, was ich tun oder nicht tun soll.
Was soll ich ändern? Wie soll ich vorgehen? Soll ich überhaupt etwas tun, um meinen Lebensablauf bewusst zu gestalten? Wie? Wo? Warum und überhaupt? Du suchst ständig nach Lösungen und Auswegen, wartest auf Vorgaben und Anleitungen, um das Leben angenehmer werden zu lassen. Damit gibst du deine Verantwortung ab. Kein Wunder, denn dein momentaner „Verstandesweg" kann nur anstrengend und mühsam sein. Genauso, nämlich mühselig, muss auch das Leben sein, wenn du an diesem Pfad freiwillig fest hältst. Dein Verstand hinterfragt ständig und glaubt, immer alles wissen zu müssen und hält dich so davon ab, spontan und nach deinem Gefühl zu handeln. Dein unendliches schöpferisches Potential, welches du gar nicht oder nur zu einem geringfügigen Teil nutzt, wartet schon lange darauf, entdeckt und somit gelebt zu werden.

Alle biologischen Strukturen haben eine Selbstorganisation. Diese Selbstorganisation wird eben formatiert aus dem Lebensprogramm der Zelle. Dass heisst, wenn z.B. das Schmetterlingsweibchen seine Eier legt, werden aus diesen Eiern Raupen. Die Raupe frisst die Blätter von Pflanzen, bis sie ihre ausgewachsene Grösse erreicht hat. Dann spinnt die Seidenraupe einen Seidenfaden und baut sich ein Gehäuse. Wenn das Gehäuse fertig ist, wird das Programm „Raupe" passiviert. Die Struktur der Raupe löst sich über das Chaos auf, wobei das Chaos die natürliche Ordnung der Realität ist. Rein biologisch gesehen ist diese Struktur eine graue Flüssigkeit. Von der Raupe bleibt also absolut nichts übrig. Dann wird ein neues Programm aktiviert und das Programm „Schmetterling" entsteht, da das System „Schmetterling" eine andere Realitätsebene als das System „Raupe" hat. Das heisst, wenn ein Mensch mit seiner realitätsfremden Sichtweise eine

Krankheit produziert hat, geht es nur darum, dieses Programm zu passivieren und ein neues energetisch höheres Programm zu aktivieren. Durch die Selbstorganisation der Materie wird eben in allen Teilbereichen der Realität ein neues Programm aktiviert und die Gesundheit ist das Ergebnis.
Die realitätsfremde Struktur kann sich nur durch das Chaos in eine reale Struktur wandeln. Das heisst, aus dem Chaos heraus kann ich mich wandeln, mich erkennen. Beim Tier läuft dieser Prozess automatisch, aber der Mensch kann dies – innerhalb gewisser Toleranzen – bewusst steuern, weil er einen freien Willen hat. Ich bin, was ich denke. Nehme ich zum Beispiel einen Bürgerkrieg, ist das genau das, was ein unbewusster Mensch noch erleben möchte, weil er nur durch die „Holzhammer-Methode“ bereit ist, sich weiter zu entwickeln. Nicht das System ist veraltert, weil es solch mittelalterliche Zustände noch gibt – der Mensch selbst verhält sich noch so primitiv und hat sich einfach nicht weiter entwickelt. Solange wir uns noch selbst zerstören, wird sich unser Umfeld auch über Zerstörung *widerspiegeln.*

Der Mensch befindet sich bislang in einem Kampf gegen sich selbst, gegen sein System, anstatt dass er seine Emotionen und Situationen „durchlebt“. Wenn ich nicht ständig gegen alles, was mir widerfährt ankämpfe, sondern es lediglich als Erfahrung ansehe, kann ich daran wachsen. Indem ich es also durchlebe, wie es nicht sein soll, kann ich frei entscheiden, was ich erleben möchte. Wenn in meinem Denken kein Widerstand ist, ich aus dem Herzen heraus handle und das mache, was mir ein gutes Gefühl gibt, dann bin ich in einem Einklang, der mir „gut tut“, der mir „Gutes tut“. Dann kommt das zurück, was ich ausgesandt habe.
Kein Widerstand im Verstand, bedeutet also: kein Widerstand gegen mich. So wie ich die Welt sehe, mich sehe, die Dinge sehe, hängt von meiner Schwingungsebene ab. Wenn ich meine Schwingungsebene verändere, sieht alles ganz anders aus. Dafür muss ich aber wieder an den Ursprung zurück, an den Ursprung der Liebe. Es nützt gar nichts, mit Gewalt seine Gedanken ändern zu wollen.
Wenn ich den Inhalt der Gedanken ändere, ändert das nichts an

meiner Schwingung, da ich mich immer noch auf der niedrigen Schwingungsfrequenz des Denkens wieder finde. Du kannst also *glauben*, positives Denken wäre hilfreich, nur: denken bleibt denken – egal was du denkst.

Es ist ganz gut, dass wir uns den Kopf anrennen, denn das tut weh. Würde es nicht wehtun, würden wir vom Leben nicht dazu gezwungen, uns der Liebe zu öffnen. Also muss es sehr oft, und oft sehr lange wehtun. Erst wenn die Schmerzgrenze erreicht ist – und die liegt bei jedem woanders – beginne ich, mich aus meinem unbequemen, leidvollen Weg auf den Pfad der Erkenntnis zu begeben. Ich kann so oft ich möchte meine Lebenssituation ändern, aber aus meiner Situation, die sich in mir befindet, die ich so geformt habe, kann ich nicht ausbrechen. Ich bin immer am passenden Ort, habe immer den passenden Partner und immer die passende Lebenssituation, weil ich diesen bzw. diese frei gewählt habe – ob unbewusst oder bewusst, spielt keine Rolle. Ob ich nun absichtlich, versehentlich oder rein zufällig eine Bank überfalle, das Gefängnis wartet, so oder so. Hier habe ich noch die Möglichkeit, nicht erwischt zu werden – aber das Leben selbst erwischt mich immer. Wovor und vor wem ich auch immer flüchte, ich laufe letztendlich immer vor mir selbst davon.

Liebe ist ein tolles Wort. Nicht nur eine Idee, die existiert und auch keine Illusion. Liebe ist Realität. Liebe bedeutet, sich in allem zu erkennen – das „Ich-Denken" durch das „Wir-Denken" zu ersetzen. *Liebe ist in allem* – und *wir sind Liebe.* **Wir haben uns nur etwas von ihr entfernt, weil wir die Angst noch nicht „toll" finden. Wenn wir die Angst akzeptieren und durch sie hindurch schreiten, begegnen wir diesem tiefer schwingenden Aspekt der Liebe durch unsere Erfahrung und wenn wir das zulassen, wird einzig und allein die Liebe übrig bleiben.**

Angst ist gebundene Liebe bzw. eine sehr niedrige Form der Liebesfrequenz. Das Umpolen vom *niedrigen Liebespotential Angst* ins *hohe Liebespotential der gebündelten Ist-Liebe* erfolgt über die Freisetzung des Bindungspotentials.

Solange wir den Jetzt–Zustand (wie auch immer der sein möge) nicht

lieben, wird es uns nicht möglich sein, unsere Schwingung zu erhöhen. Die Schwingung nicht zu erhöhen bedeutet weiterhin, in unserem „Schlamassel" zu versinken. Du hast nicht die „A...karte" gezogen, weil es ein blöder Zufall ist, was um dich herum passiert. Es ist nicht nur eben mal dumm gelaufen – es ist und war immer *deine freie Wahl,* der „schwarze Peter" zu sein. Du kannst das ins richtige Leben wie folgt ummünzen, indem du dir vorstellst, du spielst dieses Spiel „Mensch ärgere dich nicht". Kaum hat das Spiel begonnen, fährst du rückwärts, wirfst dich selber raus oder bleibst einfach stehen. Wie willst du so vorankommen, geschweige denn, am Geschehen teilhaben? Beim Spiel „Schwarzer Peter" rufst du gleich am Anfang: „Wer hat den schwarzen Peter?" und ziehst genau diese Karte freiwillig und weil du dich in deinem Leben genau so verhältst, ist dein Leben im Moment so, wie es ist.
Du hast das Gefühl, ein „Verlierer" zu sein, oder das Leben meint es nicht gut mit dir, weil immer die anderen schuld sind, die sich nie so verhalten, wie du es erwartest. Na so was! Wie können die nur?! Echt fies! Wann begreifst du endlich, dass du der Schöpfer selbst bist? Nicht der Suppen-Schöpfer, sondern eine Seele, die erschaffen kann – ***eine Seele die aus ihrem Potential heraus Verwirklichung kreiert.*** Wir aber verstecken uns lieber weiterhin hinter einem grossen Felsen, schielen ängstlich hervor und betrachten ganz genau, was all die anderen tun, was alles so geschieht und vergessen dabei, uns um uns selbst zu kümmern. „Hervor aus diesem Versteck und nach vorne an die Front. Für mich alles." und der Nächste kann dieselbe Wahl treffen, denn es ist für alle *alles* da, weil wir alle Schöpfer sind.

Wenn ich in allem Vollkommenheit erkenne, gehe ich mit allem so um, wie ich wünsche, dass man mir gegenüber treten sollte. Ich kann aber erst im Gegenüber – was auch immer das ist – Vollkommenheit erkennen, wenn ich mich selbst als solches erkenne und erfahre. Da aber jeder glaubt, da und dort ein „Problemchen" zu haben, kann oder will er sich gar nicht als vollkommenen Teil des Ganzen sehen. Auch wenn er das noch so gerne möchte – es scheint ihm unmöglich. Es ist auch nicht sinnvoll, sich das einzureden, wenn ich es nicht so empfinde. Wenn ich es nicht so empfinde, ist es wichtig, mich darin zu

bejahen, dass ich es eben nicht so empfinde.
Nun stellt sich die Frage: „Wie kann ich mich oder das Leben als vollkommen sehen, wenn ich z.B. pleite, krank oder depressiv bin?“ Indem ich mich dafür liebe, dass ich die Pleite, Krankheit und Depression hasse oder ablehne, mich in meinem momentanen Zustand bejahe – *weil ich so fühle und bin, wie ich bin.*
Wenn dich an deiner momentanen Situation noch etwas stört, sollst du nicht die Sache die dich bedrückt als okay empfinden – du solltest lediglich deine Bedrückung dazu bejahen. Du sollst dir selbst gestatten, so zu sein, wie du bist. Weiteres zu diesem Thema werde ich in Schritt zwei näher erläutern. Schritt für Schritt. Bewegen wir uns also nicht zu schnell, damit wir nicht stolpern und hinfallen. Wir sind schon so oft „hingefallen“ und immer wieder sind wir aufgestanden. Der Körper kann gehen, deswegen ist die Seele noch lange nicht beweglich, nur weil es dein Körper kann. Langsam und gediegen. Immer piano. Ich liebe übrigens Piano-Musik, nur so am Rande bemerkt.

Es eilt ja nicht. Wir bestimmen unser Tempo immer selbst und wann immer du in deiner Seele ankommst, ist ihr so ziemlich egal. Hier geht es wiederum nur um das Erkennen deiner Seele, denn wo sollte sie denn wortwörtlich ankommen, *wenn ich ja in allem, wie ich bin, bereits vollkommen bin* – mich jedoch in dieser einen Situation oder in diesem speziellen Gefühl nur nicht angekommen fühle. Wir haben alle Zeit der Welt, da Zeit sowieso eine Illusion darstellt. Wenn ich mir Raum gebe, stellt sich eine Bereitschaft ein. Diese Bereitschaft entscheidet über den menschlich messbaren Zeitfaktor, wann und wie wir uns selbst begegnen. Das Beste an dem Ganzen ist, dass wir nach wie vor etwas anstreben, doch **es gibt nichts, was wir tun müssten, bevor wir Vollkommenheit leben.** Und weil wir uns immer noch im Tun aufhalten, trennen wir uns von dem, *was wir bereits sind.* Weil wir lediglich selbst gewählte Erfahrungen durchlaufen, die grundsätzlich alle vollkommen sind, die wir aber nicht als solche erkennen, da wir nach wie vor dagegen ankämpfen. Der Mensch tritt ständig auf derselben Stelle – weil er sich seinen Erfahrungen und Prägungen immer und immer wieder öffnet, indem er bewusst erlebte

Vergangenheit durch seine Gedanken aufleben lässt – weil er sich durch sein Denken, seine Gewohnheiten und seine Bequemlichkeit selbst in einen Schrank gesperrt hat. Wie öffne ich diesen Schrank? Mehr dazu, später.

Was sperrt uns ein? Unser Denken, welches ununterbrochen auf Hochtouren läuft? Unsere Emotionen, die uns plötzlich „überfallen", und die wir als unangenehm empfinden? Körperliche Schmerzen, die uns den Weg weisen und uns ja nur auf etwas aufmerksam machen wollen? Alles, was auf uns zukommt, halten wir aus unserer Begrenzung heraus aufrecht. Es geht also darum, sich aus Begrenzungen zu befreien, obwohl es Begrenzungen nur gibt, wenn ich sie als solche sehe. Nimm z.B. die Kuh auf der Weide, die von einem Zaun umgeben ist. Sieht sie den Zaun als Begrenzung? Der Zaun existiert nicht, wenn sie ihm keine Aufmerksamkeit zuteilt. Die Kuh ist ja mit Grasen beschäftigt und kümmert sich nicht um den Zaun.
Wir erschaffen unsere Begrenzungen durch unser „so sein", weil wir ständig darüber sprechen, weil wir uns dessen immer wieder bewusst *werden*, indem wir es uns bewusst machen. Indem wir z.B. alle *unangenehmen Erlebnisse*, alles was uns so bewegt hat, immer wieder durch unser Nachdenken herbei holen und somit in unseren „Gedankensaal" einladen – halten wir das Erlebte in unserem Bewusstsein fest und nähren dieses Programm. Wir schaffen so einen grossen Raum unserer Begrenzung. Wenn wir die Gedanken „nach Hause" schicken und den Raum leeren, ist dies auch nicht hilfreich. Wir lassen alle Gedanken diesen Saal füllen, lassen sie gehen und kommen, wann sie wollen, doch wir selbst geben diesem Raum keine Aufmerksamkeit mehr. Wir geben diesem Raum keinen Raum mehr, indem wir den Raum einfach Raum sein lassen.

Stell dir vor, du sitzt in einem Saal. In diesem Saal hält jemand einen Vortrag, den du echt bescheuert findest. Der Vortrag ist, wie er ist. Der Vortragende darf sagen, was er will. Seine Meinung sagt alles über seine Sichtweise aus, jedoch nichts über die Sache selbst. Wenn du dich darüber aufregst, weil du das Vorgetragene als schlecht empfindest – bitte schön. Warum verlässt du nicht einfach diesen Saal und lässt alles so sein, wie es ist? Du kannst den Vortragenden beschimpfen oder dich über ihn ärgern. Es ist und bleibt dein Problem. Dann erzählst du deinen Bekannten noch von diesem Vorfall und schon wieder holst du dieses Erlebnis – deinen Ärger, deine Wut, dein Unverständnis – in dein Bewusstsein. Vielleicht denkst du sogar später noch einmal darüber nach und findest dieses Erlebnis immer noch ungeheuerlich. Toll. Hältst du dich gerne in Dingen auf, die dich runterziehen? Wie lange willst du dich noch damit befassen, dich eingrenzen und deine Energie für etwas verschwenden, was gar nicht mehr ist, sondern nur noch in deinen Gedanken existiert?

Lenke deine Aufmerksamkeit in den Moment. Beschäftige dich nicht mit Dingen, die um dich herum passieren, sondern nur mit dem, was in dir passiert. Alles, was im Aussen geschieht, geschieht, weil es seine absolute Berechtigung hat. Ob du dir darüber nun den Kopf zerbrichst oder deinen Senf nicht dazugibst: Salat bleibt Salat; die Erde dreht sich auch ohne dein Zutun; mehrere Kühe machen immer noch Mühe und „Schwachsinn" bleibt auch solcher. **Es spielt keine Rolle, wie dein Gegenüber denkt, fühlt, handelt, sich darstellt, spricht – was es fordert, will und ist. Es geht lediglich darum, wie du dazu stehst.**
Das Einzige, was massgebend ist, ist deine Reaktion dazu und das ist das Einzige, was zählt. Es geht um die Selbstzentrierung – egal, was dir durch das Aussen gespiegelt wird, bleibe in deiner Mitte. Bleibe bei dir. **Selbstzentrierung ist Liebe.**

Was hat es überhaupt mit dir zu tun, wenn du dich nicht damit auseinandersetzt? Eben. Rein gar nichts! Und wenn du jetzt sagst „Ich muss mich aber damit auseinandersetzen, weil es geht schliesslich um *meine Existenzangst*, um *meine Trennung*, um *meine Emotionen* – dann setz dich nicht weiterhin gedanklich damit auseinander, sondern nur auf der Gefühlsebene. Lass deinen Emotionen freien Lauf und liebe dich dafür, dass du im Moment so fühlst und denkst, wie du bist. Dann wird es sich auf eine wundersame Art und Weise wandeln. Dein momentaner Wohlfühl- oder Nichtwohlfühlzustand ist der Ausdruck deiner geistigen Haltung – *dir selbst und allem gegenüber.* **Es wird alles harmonischer, wenn du mit dir selbst harmonischer umgehst.** Es geht nicht darum, wie schnell es geht oder wann dies geschieht. Es geht darum, wie du mit allem – *was dir und im Moment geschieht* – umgehst, und wie du in Bezug zu einer Sache stehst. Es ist auch egal, was dir im Leben passiert, weil alles, was geschieht, ein Geschenk ist. Ein Geschenk, welches lediglich eine Erfahrung darstellt. Nebenbei erwähnt hast du *als Seele* zuvor immer die Wahl getroffen, *es erleben zu wollen* – ob unbewusst oder bewusst, spielt hier wiederum keine Rolle. **In allem, was dir widerfährt, verbirgt sich eine Chance, du musst sie nur erkennen.**

Wenn bei mir Dinge vorgefallen sind, die in mir Emotionen wachgerufen haben, die ich vom Verstand und vom Gefühl her als unangenehm empfunden habe, habe ich eine Zeit lang folgendes gemacht. Ich habe gesagt: „Hallo da oben. Werde ich schon wieder getestet?“ Dann musste ich lachen und sagte: „Alles klar, Test bestanden, ich fall' nicht darauf rein.“
Habe ich den Test nicht bestanden und bin ich durch „diese Prüfung“ gefallen und wieder mal ins vermeintliche *Fettnäpfchen getreten*, dann habe ich es auch als okay empfunden und mich nicht dafür verurteilt oder geärgert, dass ich es nicht geschafft habe. „Hallo da oben. Der nächste Test kann kommen. Ich bin durchgefallen, na und?!“ Für was gibt es Tests? Um sie zu bestehen oder um sie nicht zu bestehen. Ob ja oder nein, spielt auch hier keine Rolle. **Es geht immer nur um das Mitgefühl** – der Vorstufe der Liebe**, welches ich mir selbst entgegen bringe.** Denn wenn ich mich dafür liebe, dass ich bestehe und mich dafür liebe, dass ich nicht bestehe, gibt es irgendwann keine Tests mehr. Betrachte alles, was in deinem Leben geschieht, als Wegweiser und als selbst gewählte Erfahrung. Wenn du möchtest, triff in diesem Moment eine neue Wahl.

Viele Menschen haben Fragen, Tausende von Fragen. Bin ich auf dem „richtigen“ Weg? Werde ich den Job bekommen? Soll ich mich von meinem Partner trennen? **Die „richtige“ Antwort ist immer keine Antwort,** weil man solche Verstandesfragen grundsätzlich nicht beantworten kann.
Wofür muss ich etwas wissen? Warum will ich eine Vorhersage? Wenn

ich ja alles selber forme, alles was passiert, mir selbst entspricht – es ja immer nur Erfahrungen sind und ich das Ergebnis ja spätestens dann sehe, wenn etwas passiert oder eben auch nicht passiert – wieweit spielt es dann eine Rolle, es vorher zu wissen? Es würde sich nichts ändern. Die Situation bleibt dieselbe. Es macht auch keinen Sinn, wenn du die Verantwortung abgibst, indem du dir von jemandem Antworten erhoffst. Kein Mensch sollte dir diese Verantwortung abnehmen. Der, der dir deine Fragen nicht beantwortet, macht dir immer ein Geschenk – indem er dich darauf aufmerksam macht, dass es nicht wichtig ist, die Antwort zu wissen – weil es in dir nichts bewegt und an deiner Situation nichts verändert. Weil du mit einer Antwort auf Verstandesfragen nicht wirklich etwas anfangen kannst, auch wenn du das im Moment noch nicht erkennen kannst. *„Keine Antwort auf all deine Fragen"*, – dann geht das Schlamassel weiter und du suchst im Kopf eine Lösung, wo es keine Lösung gibt. Das absolute Geschenk jedoch wäre, dich liebevoll darauf hinzuweisen, dass du schon wieder auf die Verstandesebene abgerutscht bist und dich wieder auf die Herzensebene begeben solltest – nicht, indem man dich zurechtweist, sondern indem man dir einen Hinweis gibt, ohne all zuviel sagen zu müssen. Auf dieser Ebene, wo es nur weniger Worte bedarf, gibt es keine Fragen. Dort ist alles, wie es ist. Wenn du dann aber immer noch auf eine Antwort wartest, liegt das Problem nicht darin, dass du keine Antwort bekommen hast, sondern dass du eine Frage gestellt hast.

Auf Tausende von Fragen gibt es stets dieselbe Gegenfrage: Wer will das wissen? Dein Verstand? Ist es eine Verstandesfrage, bedarf es auch keiner Antwort. Wenn du das Fragen lässt, liefert dir das Leben sichtbare Antworten frei Haus. Es tritt in dein Leben, weil du es nicht mehr hinterfragst, sondern einfach empfängst.
Lustig: Mensch glaubt, wenn er viele Antworten auf seine unzähligen Fragen bekommt, ist ihm geholfen. Das Gegenteil ist hier der Fall. Erst, wenn es keine Fragen mehr gibt, kannst du aus dem Vollen schöpfen. Das funktioniert nur mit einem leeren „Schöpfer". Wenn dieser aber schon mit Gedanken und Fragen gefüllt ist, wie soll da noch etwas darin Platz haben?

Wie geht mein Leben weiter? Was passiert, wenn ich dies oder das ändere? Was wäre, wenn ...? Tausche diese Fragen gegen das Vertrauen ein, dein Leben ab sofort selbst zu bestimmen. Löse dich von der Abhängigkeit, die du zu deinem Verstand entwickelt hast. Befreie dich von den Fesseln wie Hinterfragen, „Wissenwollen", Nachdenken und Hintersinnen – denn es ist verlorene Zeit, die du ganz anders nutzen kannst. Wenn ich in das vollkommene Vertrauen eintauche und mein Leben selbst bestimme und mich nicht davon irritieren lasse, was geschehen könnte oder auch nicht, kann ich auch nicht mehr enttäuscht werden.

Neuer Partner. Gut! Partner weg. Auch gut! Job futsch. Ist eben so! Pleite. Na und?

Wenn mich also alles nur spiegelt, alles im Aussen mir selbst entspricht, versuche ich, nichts mehr zu bestimmen, zu erwarten, zu manipulieren, zu wollen – das kann ich sein lassen. Es ist reine Energievergeudung und es kommt ja sowieso immer anders als gedacht oder gewollt. Noch ein kleines Beispiel: Wenn bei mir früher mal etwas nicht geklappt hat, wie ich es mir in meinem Kopf zurecht gelegt hatte, habe ich mir gesagt: „Okay, es ist ein Geschenk. Es soll so sein. Wahrscheinlich versucht mich das Leben vor etwas zu bewahren." Mit dieser Wahrnehmung gehst du automatisch in das Vertrauen. Es kann nicht *besser* oder *schlechter* kommen, sondern nur stimmiger, also – mir entsprechender. Und wenn ich dann keine Gedanken mehr hinein gebe und es einfach beiseite gelegt habe, ist immer etwas passiert, was für mich „besser" gepasst hat, auch wenn es sich erst etwas später herauskristallisiert hat. Egal wie es der Verstand sieht, es geht im Leben nicht um „Ich-wünsche-sie-spielen – Jetzt-macht-mal" – es geht um „es-geschehen-lassen" – weil ich keinen mir zurecht gelegten Wunsch brauche.

Wofür und warum muss ich mir überhaupt etwas wünschen? Es kommt alles automatisch in Harmonie, wenn ich aus einer erhöhten Schwingungsfrequenz heraus lebe. Weil sich das, was dort entsteht, nicht als Wunsch sondern als Bedürfnis abzeichnet. Diese Entsprechungen deiner Seelenbedürfnisse werden von der Fülle des Universums abgegolten, weil du unbewusst Signale aussendest. Alles, was dort bereits jetzt für dich bereit steht, übertrifft deine kühnsten Vorstellungen um ein Immenses. Es entsteht ein automatischer Rückkoppelungsprozess, der dir alles zur Seite stellt, was dir entspricht. Unabhängig von jeglicher Art des Wünschens wird dir dein unbewusster, innerster Seelen-Wunsch immer erfüllt, welcher aber mit einem Wunsch, der dem Ego entspringt, überhaupt nichts zu tun hat. Ob du das nun als angenehm oder unangenehm empfindest, egal. Meist nimmst du es in diesem Moment nicht wahr, dass es die Wahl deiner Seele ist und du diese Erfahrung machen möchtest. Das was deiner Seele entspricht, hat jedoch mit dem „Wunschkonzert Kopf" gar nichts am Hut. *Wenn das Herz nicht sieht, bleibst du in der Dunkelheit.*

Der Mensch ist wahrhaftig darin verankert und hält daran fest zu glauben, etwas tun zu müssen, um etwas zu verändern. Wenn ich genau das sein lasse, kann Wunderbares geschehen. Es ist ein regelrechter Drang, der mich zermürbt, der mich nicht zur Ruhe kommen lässt, wenn ich nicht ständig Dinge vorantreibe. Ich will dies, ich will das.

Mein Kollege Dieter sagte einmal etwas sehr Lustiges zu mir, welches etwas überzogen ist, aber viel Wahrheit in sich birgt: „Jeder, der spirituell erwacht ist, ist mit dem Gerichtvollzieher per du." Toller Spruch. Ich muss also – wenn ich mich für den spirituellen Weg entschieden habe – die Pleite durchleben, bevor ich in die Fülle gehe? Ja, wie alles was gelebt und erlebt werden möchte. Dieses Beispiel betrifft natürlich nicht nur das momentane Leben, sondern kann in anderen Raum-Zeit-Qualitäten bereits stattgefunden haben. Da wir uns seit geraumer Zeit in einem sehr intensiven Prozess des Erwachens befinden, erleben sehr viele Menschen genau heute im jetzigen Erdendasein diese Erfahrung öfters als je zuvor. Warum braucht es genau diese Erfahrung? Nicht nur wegen der Erfahrung selbst, dem Materiellen keine Wertigkeit mehr beizumessen und die Desillusionierung des Geldes zu erfahren, vielmehr als wertvollen Prozess für sich. Auch wenn dir diese Erfahrung vorerst vielleicht schwer im Magen liegt, merkst du schon bald, dass sich nichts verändert und dass dir nichts fehlt, weil du ja alles hast, was du

brauchst – nämlich dich selbst. Wenn du diese Erfahrung bewusst durchlebst, weil Materie bzw. alles um dich herum *mit dir selbst nichts zu tun hat,* erkennst du die Fülle, die nun automatisch auf allen Ebenen einfliessen kann. Solange du in der Illusion lebst, du würdest mit viel Geld anders oder besser leben, kannst du schon mal Kaffee kochen. Für wen? Vielleicht für den Gerichtsvollzieher?
Am besten ist es, offiziell nichts zu haben, dann kann dir auch nichts genommen werden. Mein Haus, mein Auto, meine Firma – du Armer. Am besten, das gehört dir alles nicht, *sondern du nutzt es nur* – so kannst du auch nicht in der Klemme stecken, wenn es mal „eng" wird. Da deine Seele alle Facetten erleben möchte, ist es bei dir diesmal vielleicht der Prozess des „finanziellen Verlusts". Wenn du dich jetzt in dieser Situation verlierst und dich energetisch oder gedanklich darin aufhältst, bleibst du stehen. Wenn du dann noch feststellst, wie arm du bist und wie böse die anderen sind – dann Prost Mahlzeit! In diesem Selbstmitleid kannst du dich solange aufhalten, wie du willst. Es ist unangenehm und wird immer unangenehmer werden. Also betrachte die Pleite als den Vorboten der Fülle an – wie den Frühling, der da ist, wenn der Sommer naht.
Du kannst dich nur als Ganzes erkennen und Vollkommenheit leben, wenn du alle Aspekte, die es gibt, durchlaufen hast. Ist ja nicht schlimm. Es ist ja nur ein Prozess, den du durchläufst, den du sicher schon mehrmals durchlaufen hast. Du kannst dich nur nicht mehr daran *er-innern.* Die finanzielle Pleite, die ich übrigens auch zwei Mal durchleben durfte – ist wie alles, was man so erlebt – eine absolut neutrale Erfahrung. Willkommen im Club.

Deine Seele möchte wissen und mehrmals erfahren, wie sich diese „scheinbare" Leere – *die Desillusionierung der Illusion, die du hier erlebst* – die du ja nur als solche empfindest, anfühlt. Wie kann sie sich ansonsten erfahren? Jede Erfahrung ist absolut gleichwertig. Wie kann Mensch überhaupt eine schlechte Erfahrung machen, wenn es kein gut und schlecht gibt? Jede Erfahrung entspringt der Liebe, und wenn dieses Gefühl in uns durch ständiges Abwürgen oder Ignorieren verkümmert, wie soll dann eine bunte, blühende Blume daraus entstehen? Eine Blume wächst durch die Wärme der Sonne, die

Zuwendung der Erde und die Gnade des Regens. Es kann in unserem Leben ja nur ein „vertrocknetes Büschel" zum Vorschein kommen, wenn ich mir keine Zuwendung und keine Aufmerksamkeit gebe. Wo keine Liebe ist – und ich rede von der Liebe zu dir selbst – kann auch nichts Liebevolles auf dich zukommen. Und das ist das „Gesetz".

Was du anderen neidest, wirst du selbst nie bekommen. Was du anderen wünschst, wirst du selbst erfahren. Deine Gedanken formen Realität. Was du aussprichst und denkst, stellt sich nicht nur im Aussen so dar – es gilt. Es gilt aber nur für die Personen, die es gelten lassen wollen. Es muss niemanden stören, was ein anderer sagt, wenn man ihn einfach reden und sein lässt. Was ein Mensch auch immer sagt – es spiegelt lediglich seine Form der Beobachtung wider und sagt nichts über das Beobachtete, jedoch alles über den Beobachter selbst aus. Weil sein Reden erst auf dich einwirken kann, wenn du dich in derselben Schwingung aufhältst. Nun, du kannst jeder Zeit frei entscheiden, worin du dich aufhalten möchtest. Es trifft immer nur denjenigen, der sich auch treffen lassen will. Eine Meinung ist nichts als eine Illusion. Eine Wahrnehmung oder Beobachtung des Herzens hingegen ist im Gegenpol angesiedelt und der nennt sich: Realität.

Wenn dir jemand aus der Ferne ein rohes Ei entgegen wirft und du siehst es auf dich zufliegen, bleibst du dann stehen, bis es dich getroffen hat? Wahrscheinlich nicht. Du springst zur Seite. Diesen „Seitensprung" findest du auch auf deiner Gefühlsebene wieder. Du musst lediglich die Ebene wechseln und dich von der Verstandesebene auf die Herzensebene einschwingen. Entscheide dich einfach, aus dem Herzen zu leben. Es wird einfach sein, wenn du diese Wahl auch wirklich treffen willst.

Du sprichst mit mir. Ob du meine Worte nun blöd, toll, langweilig, klasse oder einfach nur mühsam findest – was spielt das für eine Rolle? Du darfst es so sehen, wie du es möchtest. Aus der Herzensebene heraus liebe ich dich immer gleich – ob du mich nun gut oder nicht gut findest. Ich erlaube dir, die Dinge so zu sehen, wie du sie sehen möchtest. **Absolute Liebe bedeutet: jeden so sein zu lassen, wie er**

sein möchte, und wie er ist. Wenn ich aber im Verstand fest hänge und dich aus dieser Ebene heraus wahrnehme, fühlt sich mein Ego ganz sicher verletzt und dann würde ich dir vielleicht auch sagen, dass du zu blöd bist, um mich zu verstehen. Ich würde dich angreifen, weil ich mich angegriffen fühle. *Aus der Herzensebene heraus darfst du sein, wie du willst. Darfst du sagen, was du möchtest. Darfst du tun, wonach dir ist.* Ein Herz kann sich nicht angegriffen fühlen – es ist einfach nur da und lauscht, liebt und ist – egal wie sich das Aussen darstellt. **Die Realität des Herzens stört sich nicht an der Illusion ihres Umfeldes, weil sie das Umfeld als solches erkennt.**
Wenn ich dich als Seele wahrnehme, ist es uninteressant, wie du dich *mir gegenüber* als Mensch verhältst. Das Herz *langweilt* sich höchstens an dem unbewussten Gegenüber, aber es wertet nicht – es nimmt nur wahr. Es ist lediglich ein Schauspiel, wie sich ein Mensch präsentiert und gibt. Wenn ich dein menschliches Verhalten – und hier meine ich dein Denken und Sein mir gegenüber – nicht mehr als Realität wahrnehme sondern als Hülle erkenne, hinter der du dich verbirgst, dann habe ich dich als solches erkannt, als das was du bist. Du bist und bleibst – Liebe. **Ich muss mich nicht bemühen und nichts dazu beitragen – wenn ich auf einen Menschen treffe, treffe ich stets auf Liebe.** Ich brauche es bloss zu erkennen, indem ich hinter die Fassade blicke und das Wesentliche in den Vordergrund rücke. Dies gelingt mir aber nur dann, wenn ich ihm auch als Seele und nicht als Ego gegenüber trete. **Jeder ist, wie er ist und nichts kann Macht über deine Gefühle haben, wenn du dem Gefühl „dich schlecht zu fühlen" nicht auch Macht und Raum gibst, hervortreten zu dürfen.**

Die Seele kehrt immer wieder zur Erde zurück, immer wieder derselbe Auftrag: *„Finde zum Ursprung zurück – bis du „erfahren" hast, dich zu lieben und dich daran er-innerst, wer-du-bist!"* Du wirst ein und denselben Seelen und Situationen sehr oft begegnen, so oft – bis es dir gelingt mit ihnen liebevoll umzugehen. Bevor es dir jedoch möglich ist andere zu lieben, solltest du damit beginnen dich selbst zu lieben. Deshalb ist der erste Schritt, immer dir selbst zu begegnen, dich selbst wahrzunehmen. **Die Seele reift, und es kommt der Punkt, an dem du nichts mehr kontrollieren willst, wo jede Veränderung lediglich eine Möglich-**

keit darstellt, die du nutzen kannst oder auch nicht. Die Aufmerksamkeit nicht mehr auf eine Sache zu richten, *die sein soll* – **sondern die Aufmerksamkeit auf das zu richten,** *was in diesem Augenblick geschieht* – **was auch immer es ist.**
Liebe die Angst, und du bist Liebe. Löse dich von Dingen, die dich „runterziehen" nicht dadurch, dass du ihnen aus dem Weg gehst – sondern, indem du dich von ihnen nicht mehr runterziehen lässt. Weil dein jetziges Verhalten, das dich blockiert, nicht deinem Ursprung entspricht. Es wird dich nicht mehr runterziehen, wenn du dich in die Liebe begibst. Also hab keine Angst und vor allem: befürchte nichts. Befürchte nicht, wie etwas kommen könnte, indem du diesem Gedanken deine Aufmerksamkeit schenkst. **Wenn du etwas befürchtest, bist du nicht in der Wahrnehmung.** Die Befürchtung wird stärker und wächst, weil du Energie hinein gibst, weil du dich damit auseinandersetzt, weil du dem Raum gibst, weil du es dir bewusst machst, weil es dem Denken entspringt. Echt anstrengend diese vielen „weil's".
Eine Befürchtung ist ein Mangel. Dieser Mangel entspringt der Angst. Alle Mängel haben den Ursprung in der Angst und obwohl Angst eine sehr tief schwingende Art von Liebe ist, ist es dennoch Liebe. Alles was existiert, findet den Ursprung in der Liebe selbst. Die Existenz des Seins hat in ihrer Entwicklung irgendwann eine Eigendynamik entwickelt, in der eine Trennung stattgefunden hat. In dieser Trennung befinden wir uns noch heute. Aus dieser Dualität heraus entstehen nach wie vor all unsere Probleme. Diese Dualität besteht aus unserer zweidimensionalen, eingeschränkten, realitätsfremden, verschleierten und total beschränkten Sichtweise. Also ist es ratsam, seine Sichtweise zu ändern, indem ich diese um den Neutralbereich erweitere. Das heisst, ich gehe in die neutrale Wahrnehmung der Liebe.

Angst und Liebe unterscheiden sich für viele von uns immer noch wie Tag und Nacht. Beides ist toll, weil es beides braucht. Beides gibt es getrennt nicht. Als Ganzes entspringt beides der Liebe. **Wann werden die Menschen sich endlich daran** ***er-innern,*** **dass Freud und Leid beide derselben Energie entspringen: Beides ist absolut gleichwertig, es ist Liebe. Alles was ist, ist Liebe. Alles was schwingt, ist**

Liebe. Manches schwingt höher und manches schwingt tiefer, aber der Ursprung bleibt immer derselbe. Bin ich im Herzen, sind Liebe und Angst ein Ganzes, sie sind absolut *gleich-wertig.* Bin ich im Verstand, ist die Angst unangenehm, und die Liebe finde ich toll. Befinde ich mich in dieser Bewertung, lehne ich einen Teilbereich meiner Emotionen ab, das heisst, ich lehne einen Teil von mir selbst ab. Somit praktiziere ich eine unbewusste „Selbstvernichtungs-Strategie". Warum empfinde ich jegliche Emotionen, die ich als unangenehm empfinde, eigentlich überhaupt als störend? Warum lehne ich sie ab? Warum laufe ich davon? Warum ignoriere ich sie? Warum suche ich ständig eine Lösung, um sie loszuwerden?
Weil mich diese Emotionen mit den dazugehörigen Situationen schon seit ewigen Raum-Zeit-Qualitäten „verfolgen" und ich seit jeher versuche, davor davon zu laufen. Auf jeden Fall kannst du davon laufen, wie du möchtest: es ist nicht die Lösung. Es gibt keine Lösung! Und immer noch läufst du. Wohin? Es läuft dir ja immer noch nach. Auch schon bemerkt? Es gibt nur eine einzige Möglichkeit: dich dem gefühlsmässig zu stellen. Näheres dazu, später.

Immer wieder begegnen wir denselben Themen und Emotionen. Denselben Unstimmigkeiten, Reibereien und Geschehnissen. Echt lästig! Wirklich?
In dem Moment, wo wir uns in dieser Ablehnungshaltung oder noch besser ausgedrückt in dieser „Davonlauf-Taktik" befinden, fühlen wir uns nicht gut, weil wir es schon so oft abgelehnt und uns immer weiter davon entfernt haben. Das, wovor wir weg laufen – diese Gefühle und diese kleinen Lästigkeiten – ist uns auf eine Art und Weise fremd. Deswegen haben wir Angst davor. Deswegen konfrontiert uns das Leben immer wieder damit und es würde uns nicht damit „belästigen", wenn es einfach nur Spass an der Freude haben würde, dies zu tun. **Es stecken ein Sinn und eine tiefe Absicht dahinter.** Es würde nicht immer wieder dasselbe Gefühl, dieselbe Situation und derselbe körperliche Schwachpunkt (Krankheit) auftauchen, wenn es nicht unsere Aufgabe wäre diese Botschaft zu beachten. Hier geht es nicht um Ursache oder Karma oder darum, nachzudenken warum es so ist. Es geht darum, zu erkennen, dass ständig wiederkehrende Emotionen und Situationen

lediglich erfahren und gelebt werden möchten. Würde dem nicht so sein, dann müsste es ja auch nicht auftauchen, hoch kommen oder in unser Leben treten. Wenn wir ja schon so gut im Denken sind, eine Frage: „Hast du das Gefühl, wenn dir das Leben z.B. durch eine Person eine grössere Geldsumme *nimmt*, dass es die Lösung ist, das Geld einfach wieder zurückzufordern?" Nehmen wir an, es wäre die Lösung, dagegen anzukämpfen und wenn notwendig, es mit Gewalt zurückzuholen: warum hat dir das Leben dann überhaupt erst dieses Geld genommen? Es hätte dir den Betrag ja erst gar nicht nehmen müssen?!?

Hast du schon mal darüber „nachgedacht", warum du immer wieder mit demselben „Müll" konfrontiert wirst? Da muss ja etwas dahinter stecken. Wenn die Sonne scheint und kein Baum oder keine Blume hingehen würden, könnten sie auch nicht wachsen. Sie laufen nicht davon, sondern sind einfach nur da. Sie nehmen das Licht auf, sie lassen sich anregnen, sie lassen sich pflücken und man tritt auf ihnen herum. Hat sich eine von denen schon mal bei dir beschwert?
Die Blume ist, wie du gedacht bist: sie ist einfach nur. Sie stellt keine Ansprüche. Sie fordert nicht. Sie erwartet nichts. *Sie gibt sich dem hin, was ist. Sie ist.* Ein etwas eigenartiger Vergleich, ich weiss. Aber vielleicht ist es dadurch angekommen, was ich damit sagen wollte. Und das mit dem Wachsen der Blume ist im Vergleich mit innerem Wachstum ja auch gar nicht mal so ganz verkehrt.

Ein Baum im Wald. Ein Baum auf der Wiese. Ein Baum am Wegesrand oder irgendwo. Egal. Einfach ein Baum. Ob Regen, Sonne, Schnee oder Wind. Ob er das alles braucht oder nicht, das Wetter ist einfach da. Er ist einfach da. Er stört sich an nichts und niemandem. Er wächst und gedeiht in voller Blüte und Pracht – egal, was auch immer um ihn herum geschieht. **Er passt sich an, er fügt sich ein, jedoch ohne es zu wollen. Er ist die Ergänzung zu allem was ist.**
Du jedoch versuchst alles zu ändern, zu bekämpfen oder abzuwehren, anstatt einfach alles geschehen zu lassen. Du solltest die Dinge ab jetzt so sein lassen wie sie sind, weil du weisst, dass du das tun sollst. Du solltest das Gefühl entwickeln, dich einfach ins Leben hineinzu-

begeben. Dein Wachstum ist deshalb gestört. **Dein Erwachen, dein Erblühen ist gehemmt, weil dein Leben keinen automatischen Verlauf nehmen kann, sondern so verlaufen muss, wie du es bestimmst.** Nimm z.B. einen Fluss, der einige Kilometer geradeaus fliesst. Stell dir vor, du würdest nach jedem Kilometer eine Windung „einbauen", weil dir dieser Verlauf besser gefällt. Die Gerade ist dir zu langweilig, die vielen Biegungen ergeben ein tolles Muster, das dir besser gefällt. Wird nicht klappen. Irgendwo wird das Wasser auslaufen, und dann hast du ein Problem. Wie du auch in deinem Leben Probleme hast. Nur, im Gegensatz zu dir wird der Bach selbst nicht wieder eine Biegung einfügen sondern automatisch wieder seinen geraden Verlauf aufnehmen und sich in seinem Naturell einfügen. Was auch immer du in deiner Lebenssituation mit Windungen und Biegungen vergleichen könntest, die dir dein Leben schwer zu machen scheinen: sie gehören zu dir, aber ab jetzt lass es fliessen und einfach geschehen, wie es **gerade** ist!

Das Leben möchte uns also an die ständig wiederkehrenden Emotionen erinnern, die wir längst vergessen haben. Weil sie ein Teil von uns sind, können wir uns nur durch ihre Erfahrung als Ganzes näher kommen, indem wir uns eines Tages auch als solches erkennen. Wir begegnen uns also als Ganzes, nicht als Teilaspekt (keine halben Sachen) dessen. Durchleben, erfahren, transformieren, integrieren, *es sein lassen* – tolle Wörter. Ganz anders als ein sehr häufig angewendetes aber schon etwas veraltertes Wort, das berühmte *Loslassen*. Willst du etwas loslassen, wehrst du dich noch immer gegen etwas, weil los-lassen *los-werden* bedeutet. Ich sollte es aber nicht loslassen, sondern *sein lassen*. Sein lassen bedeutet, dem was ist keine Bedeutung oder Aufmerksamkeit mehr beizumessen.

Du hast ein Baby, und es schreit. Egal warum es auch schreit, es bedarf deiner Zuwendung. Übergehst du das Schreien, indem du es ignorierst? Legst du das Baby vor die Türe, sperrst du es in einen Schrank oder kümmerst du dich um das hilflose Etwas, indem du es aufnimmst, schaukelst oder liebkost? So wie dieses Baby, schreit auch dein inneres Kind nach Aufmerksamkeit. Aber du lässt es seit jeher schreien und schreien und schreien. Ist es nicht an der Zeit, dich endlich um dich und um deine Emotionen zu kümmern? Dir selbst Aufmerksamkeit zu schenken, dich um dich zu kümmern und alles andere mal sein zu lassen? Um alles andere kümmerst du dich tagein tagaus, Stunde um Stunde, Minute um Minute - nur du hast vergessen, dich um das Wichtigste zu kümmern: nämlich um dich selbst. **Und weil du dich vergessen hast, wird dich auch das Leben vergessen, wenn du mal auf Unterstützung und Hilfe wartest. Weil nur das eintreffen kann, was du vorher in dich und somit in das Leben „investiert" hast. Es kann nichts Liebevolles in dein Leben treten, wenn du nicht endlich damit beginnst, liebevoll mit dir selbst umzugehen.** Wie soll das funktionieren? Wie denn auch?

Willst du immer noch davonlaufen? Und weiter geht es: hopp, hopp, hopp, aber hurtig. Schneller nutzt auch nichts – weil alles, vor dem du flüchten möchtest, mit dir ganz sportlich Schritt hält. Also stopp. Halt. Stehen bleiben und dich dem stellen, was dir hinterher läuft. Weil es darauf wartet, betrachtet zu werden. Aber wie?
Das erfährst du erst im *Praxisteil.* Jetzt bist du solange vor dir und deinen Gefühlen davon gelaufen, jetzt wirst du die Durststrecke bis zu den Anwendungen hin ganz locker meistern. Und nicht schummeln, hier gibt es keine Abkürzungen.

Ich weiss, du möchtest wissen, wie du es umsetzen kannst. Noch ein wenig Geduld. Und das ist auch etwas, das wir alle nicht haben. Interessant, es werden hier immer wieder Themen angesprochen, die wir nicht so ganz im Griff haben. Na, vielleicht kommt in diesem Buch noch was, was wir beherrschen, damit wir nicht ganz so „ungünstig" rüberkommen. (Echt lustige Sätze, die da über die Tastatur einfliessen.) Scherz beiseite.

So wie wir sind, sind wir perfekt. Hätten wir nicht all unsere Erfahrungen durchlaufen, wären wir nicht so, wie wir sind. Genau diese Erfahrungen – egal, wie die auch waren – sind ein Teil unseres Seins. **Segne die Katastrophe, weil sie eine Erfahrung ist, die dich ausmacht.** Wir haben uns Jahrzehnte lang darin geübt, uns über das

Denken zu definieren. Wir haben Gewohnheiten und die geben wir nicht gerne auf, weil wir Mensch sind. Weil wir Mensch sind, haben wir „Schwachpunkte", und die sind toll. Hab Mitgefühl mit dir und nimm diese „Schwachpunkte", die in Wirklichkeit gar keine sind, als Teil von dir an, der gelebt werden möchte. Wenn du dich in jedem Moment so sein lassen kannst, wie du bist, *weil Liebe bedeutet, dich so sein zu lassen, wie du bist* — ist das ein Schritt zu dir selbst. Das heisst, du beginnst deine Aufgabe – warum du hier bist – endlich ernst zu nehmen: nämlich, dich *um dich selbst zu kümmern.*

Und hier fängt es an, Spass zu machen. Ich kann tun, denken, handeln, sagen und fühlen, was ich will. So, wie ich bin, bin ich okay! Kein Verbiegen, kein Verändern, kein Muss, keine Richtlinien, keine Zwänge – das hört sich doch mal gut an! Darin kannst du dich üben, und es wird dir gar nicht schwer fallen, so zu sein, wie du bist, wenn du es auch wirklich möchtest. Jetzt kam doch schneller als gedacht etwas „Schmeichelndes" – etwas, was wir scheinbar doch können. Etwas, was Spass macht und etwas, das uns aufbaut. Eben das Denken sein lassen. Es kommt meistens anders als gedacht. Gott sei Dank!

Das Ego spielt bei den meisten Menschen noch eine sehr grosse Rolle und ist deshalb „Stolperfalle Nummer eins" bei der Aufgabe „gehen zu lernen" (auf dich selbst zuzugehen). Denk daran: Wem auch immer du begegnest, wenn du ihn „anhimmelst", trennst du dich von ihm. Was diese Seele als Mensch gemacht hat, hast du auch schon gemacht, und was er kann, kannst du auch – wenn du es nur zulässt. Triff die Wahl, es auch zu machen, wenn du es machen möchtest – vielleicht auf eine andere Art und Weise – jedoch sinngemäss gleich. **Du musst niemanden bewundern, ausser dich selbst.**
Im umgekehrten Sinne bemängelt man andere, weil man meint, sie wären schwächer als man selbst. Der andere ist nicht so weit entwickelt – er ist krank und schwach. Auch in diesem Fall sei dir bewusst: **Der andere kann immer dasselbe tun wie du – *er hat lediglich eine andere Wahl getroffen,* und das ist seine freie Entscheidung.** Jede Entscheidung hat wie alles den Ursprung in der Liebe. **Solange wir uns noch in der Illusion aufhalten, „zu glauben",**

dass es Menschen gibt die grösser, kleiner, schwächer und stärker, weniger gut und besser sein könnten als wir, sind wir in uns selbst gefangen. Es wird dann nur schwer gelingen, unsere Schwingung zu erhöhen. Jeder Mensch hat dieselbe Chance und dasselbe Potential. Gib vielen Menschen einen Apfel in die Hand und schau hin, was passiert. Einer isst ihn, der andere wäscht ihn, der andere findet ihn klein, der andere sagt, er hätte Appetit auf was anderes. Es ist lediglich seine momentane Wahrnehmung, die sich da widerspiegelt, hat aber mit dem Apfel selbst nichts zu tun. Auch hier kann er die Wahl treffen, wie er den Apfel wahrnimmt, oder was er mit dem Apfel tut. Du kannst es drehen und wenden, wie du willst: du hast in allem, wie du handelst, denkst, fühlst immer die Chance, die Entscheidung zu treffen, die du treffen möchtest – ausser, du unterliegst einer Fremdbestimmung (deines Verstandes, einer anderen Person, einer Situation). Aber auch das ist deine freie Entscheidung, einer Fremdbestimmung unterliegen zu wollen. Willst du das nicht? Dann ändere deine bisherige Wahl und triff eine neue Entscheidung.
Triff eine Entscheidung, mit der du dich wohl fühlst. Triff eine Entscheidung für dich. Eine Entscheidung gegen dein Denken, gegen einen Menschen oder gegen eine Situation ist keine Entscheidung gegen diese Dinge – es ist lediglich eine Entscheidung für dich. Wenn du dich für dich entscheidest und ein anderer empfindet es als Entscheidung gegen seine Person, dann darf er es so empfinden. Es ist aber sein Problem, das so zu sehen. Auch er kann die Wahl treffen, es anders wahrzunehmen, um sich wohler zu fühlen. Will er sich aber schlecht fühlen, dann darf er es auch.

Was auch immer der andere lebt, egal für welche Erfahrung er sich auch immer entschieden hat: wir haben kein Recht, über jemanden oder etwas zu urteilen. Wenn ich mich öffne und beginne, den Menschen als Seele wahrzunehmen, gelingt das recht einfach, es auch umzusetzen. Halte dich nicht in diesen Kleinigkeiten auf, was der Körper einer Seele tut, denkt, sagt, fühlt. Was wir alle hier in unserem Erdensein als Mensch so im Allgemeinen tun, ist echt lächerlich. Wir nehmen uns als Person viel zu ernst und es geht uns meist nur um unser kurzes Leben in Form der Darstellung und Tätigkeit – oder um

das Leben der anderen.
Was arbeite ich? Was habe ich? Was mache ich? Wie präsentiere ich mich? Warum reagiert der andere so? Was tut der andere? Darum geht es eben nicht und wir selbst halten uns ständig in so unwichtigen Kleinigkeiten auf. Deswegen glaubst du, das Gefühl zu haben, nicht weiterzukommen – weil du dich ständig in etwas aufhältst oder mit etwas auseinandersetzt, das mit dir selbst nichts zu tun hat und komplett nebensächlich ist.
Und weil wir uns immer noch in Nebensächlichkeiten aufhalten, sind wir wieder einmal hier auf der Erde gelandet. Es geht einzig und allein nur darum, wie du deiner Seele – dir selbst begegnest, wie du mit dir und deiner Seele umgehst, wie du dich um dich und dein Innerstes kümmerst. **Es geht nicht um die Lebensgestaltung oder um das, was du tust oder um das, was du leistest. Dies ist nur ein kleiner Aspekt deiner niedrigen Schwingungsfrequenz, der seine menschliche Darstellung nach aussen tragen möchte.** Solange wir an unserer Begrenzung festhalten, sind wir alle gleich – egal ob verwirrt, bösartig oder krank. **Verweigern wir also dem anderen nicht seine Freiheit, indem wir versuchen, ihn auf einen scheinbar optimalen Weg zu bringen, oder versuchen ihm zu helfen.**

Jeder entscheidet selbst, den Weg zu gehen, den er gehen möchte und das Wichtigste überhaupt ist es, das höchste Gut – *den freien Willen* eines Individuums zu respektieren. Alle Erfahrungen, die Mensch sammelt, sind Erfahrungen, die er machen möchte, um sich selbst zu erkennen. Jeder Schritt ist ein Fortschritt, weil die schmerzlichsten Schritte die sind, die am häufigsten Früchte tragen. Mensch ist, was er ist, weil er erlebt, was seine Seele erleben möchte und es ihn dazu formt, was er in dem Moment ist. Wenn er eines Tages erkennt, spürt, erfährt, wie es nicht sein soll bzw. wie es nicht funktioniert (weil er es ja durch *eine für ihn unangenehme Erfahrung* erlebt hat), kann er frei wählen, wie er es *jetzt* erleben möchte und alles andere hinter sich lassen.
Indem ich glaube, jemandem helfen zu wollen, greife ich möglicherweise in seinen Prozess ein und bringe ihn um seine Erfahrung. Wenn er die Erfahrung eines Alkoholikers machen möchte:

gut, dann darf er sie machen. Wenn ich dann versuche einzugreifen und ihn ändern möchte, bin ich nicht in der Liebe. **Weil Liebe das „so anders Sein" des Menschen akzeptiert ohne in seinen Prozess einzugreifen.**

Meine Ängste, Gefühle und Gedanken um ihn tragen einzig und allein dazu bei, ihn noch mehr runter zu ziehen, weil ich mich energetisch in seine Situation „einmische". Jeder Gedanke *an oder über etwas* setzt Energien frei, und ich sollte mir bewusst sein, dass diese Energien unweigerlich eine Wirkung erzeugt. Möchte ich selbst nicht auch mein Leben frei gestalten? Nun gut, dann sollte ich dem anderen auch die Möglichkeit dazu geben. Welche Wahl er auch immer trifft: ich begrüsse jede Entscheidung, weil ich weiss, dass dieser Weg – *jeder Weg, den er geht* – ihn *seinem Selbst* ein Stück näher bringt.

Das Ganze, alles was ist, bildet ein Energiefeld. Wenn du dich um Dinge sorgst und kümmerst – oder dir über etwas Gedanken machst, dringst du in ein anderes Energiefeld ein, bzw. verlässt dein eigenes. In dem Moment begibst du dich in die Illusion und entfernst dich dadurch von deinem Zentrum. **Bleibe stets in deinem Energiefeld, um es zu stärken und um dich – um es – zu leben.** ***Alles andere bedeutet Stillstand.***

Bildliche Vorstellung:

Stell dir vor, dein Energiefeld, deine Seele ist eine Art Zuhause – dein Haus. Deine Seele hat ein Haus und darin wohnt sie. Jetzt gehst du in das Energiefeld – in das Haus des Nachbarn über, weil du dich über ihn ärgerst. Dann gehst du in das Haus deines Partners, weil du dir Sorgen um ihn machst. Jetzt dringst du in das Haus deiner Mutter ein, weil du eine Erwartung an sie hast. Du gehst auch noch bewusst in das Haus eines Bekannten, weil du ihm helfen möchtest. Du bist einfach nie zu Hause. ***Du bist nicht in deinem Haus, du bist nicht bei dir, und du kümmerst dich nicht um dich, weil du glaubst, in allen anderen Häusern für Ordnung sorgen zu müssen. Jetzt frage ich dich: Wieso hast du ein Haus, wenn du nie zu Hause bist? Wieso hat deine Seele ein Zuhause, wenn sie nicht darin wohnt? Wenn du deine Seele gar nicht wahrnimmst – warum bist du dann hier?***

In der Zwischenzeit könnte sich in deinem Leben etwas ändern. Jetzt kommt nämlich der Postmann, der das Leben selbst verkörpert – und klingelt bei dir. Er bringt dir vielleicht einen neuen Job, etwas Gesundheit oder auch einen neuen Partner. Er bringt dir Impulse, die dir all diese Dinge näher bringen würden. Du aber hörst das Klingeln nicht, weil du schon wieder einmal nicht zu Hause – nicht in deinem Energiefeld – bist. Hier heisst es nicht „Wenn der Postmann zweimal klingelt", denn deinem Postmann sind vor lauter Klingeln schon die Finger abgefallen. Du aber wunderst dich Tag für Tag, warum sich nichts in deinem Leben ändert?! Dumm gelaufen – du solltest dir angewöhnen zu Hause zu sein.

So und jetzt zurück zu unserem tollen Beispiel. Wo warst du heute überall? Also – du warst heute so ganz nebenbei eine halbe Stunde beim Nachbarn, eine Stunde über den ganzen Tag verteilt bei deinem Partner, eine halbe Stunde bei deiner Mutter und eine halbe Stunde bei deinem Bekannten. Man sollte meinen, du warst genug spazieren – nein.
Du bist dann noch zum aktuellen Tagesgeschehen übergegangen, welches du in der Zeitung gelesen hast und das hat dich auch noch über einen längeren Zeitraum beschäftigt. Du warst zusätzlich mindestens fünf Stunden damit beschäftigt, über dich selbst nachzudenken – dich selbst in Frage zu stellen. Auch dort warst du nicht wirklich bei dir. Du warst im dunklen Keller deines Hauses – in deinem Verstand – und konntest dein tolles Haus gar nicht nutzen, weil du freiwillig nicht in den hellen Räumen des Herzens gewohnt hast. Alle anderen Gedanken, die dich so beschäftigten, die du gar nicht bewusst wahrgenommen hast, zähle ich jetzt gar nicht dazu, weil das noch einmal ein paar Stunden wären, die du nicht zu Hause warst. Du warst ständig woanders, dein Verstand ging immer wieder spazieren, und weil du ihm das auch noch erlaubt hast, hast du in der Zwischenzeit den grössten Saustall zu Hause. Es ist unaufgeräumt, chaotisch, lieblos, ungemütlich und bedrückend in deinem Haus. Du unterstützt diese Ungemütlichkeit in deinem Haus voll und ganz, indem du dem Verstand alle Macht der Welt gibst und deine Aufmerksamkeit auf Dinge lenkst, die du nicht akzeptierst, die du ändern möchtest, die du hinterfragst. *Die aber so sind, wie sie sind – weil*

sie so sind, wie sie sind. Wann kannst du endlich akzeptieren, dass das Leben deine Einmischungen nicht braucht? Hat dich wer um dein Zutun gefragt? Wenn ja, gut – dann ist alles klar. Wenn nein, dann lass es sein.

Du erbarmst dich des Nachbarn, der einen schweren Unfall hatte und jetzt nicht mehr laufen kann. Weisst du, was seine Seele in anderen Inkarnationen schon durchlebt hat? *Nein.* Weisst du, warum seine Seele diese Erfahrung gewählt hat? *Nein.*
Du kämpfst gegen die Politik. Weisst du, wie weit es diese Eskalierungen eines bevorstehenden Zusammenbruchs braucht, um Notwendiges im gesamten Planeten-Bewusstsein zu bewegen? *Nein.*
Du bist traurig, weil dein Partner dich verlassen hat. Weisst du, was danach folgt? *Nein.* Vielleicht brauchst du mehr Zeit für dich, vielleicht kommt eine neue Begegnung? Vielleicht, vielleicht, vielleicht. Egal, was auch immer dahinter steht. **Es geht nicht darum, was dein Ego möchte, ob dir das nun passt oder nicht. Auch hier gilt wieder folgendes, es geht ausschliesslich darum, wie zentriert du in jedem Moment bist.**

Nur wenn du dich in deinem Energiefeld befindest, das heisst nur wenn du in Gedanken und Gefühlen immer bei dir bist, dann wird sich in deinem Leben eine Veränderung einstellen.

Dieses ewige Mitleiden oder Leiden ist auch so ein Thema. Tausche Mitleid gegen Mitgefühl. Wenn du dich gedanklich nicht damit auseinandersetzt, wirst du erst gar nicht leiden. Wenn du dich gefühlsmässig damit auseinandersetzt, wirst du mitfühlen und das wiederum ist Nächstenliebe. Das Thema Mitgefühl und Helfersyndrom kennen wir alle nur zu gut.
Ich werde hier noch eine Begebenheit aus meinem Leben erzählen, die mir dabei geholfen hat, nach diesem Erlebnis das *„Mitleid"* aus meinem Leben zu verabschieden. Einigen meiner Kunden habe ich dieses Beispiel schon in Sitzungen weitergegeben, weil es so heftig ist und es in jeder Seele automatisch etwas auslöst. Wer es noch nicht kennt, kann gespannt sein. Vielleicht bist du mit dieser Geschichte via

E-Mail ja selbst konfrontiert worden. Zur Entwarnung möchte ich darauf hinweisen, dass der Inhalt dieser E-Mail nicht der Wahrheit entspricht.
Die Geschichte begann damit, dass ich am Computer meine E-Mails abgerufen habe. Nach einiger Zeit stiess ich auf folgendes E-Mail:
Lieber Tierfreund, wir bitten dich, die unten angeführte Homepage zu besuchen und danach umgehend mit deiner Unterschrift zu antworten, damit wir etwas gegen diese abartige Geldmacherei unternehmen können. Ein Chinese, wohnhaft in New York, verkauft dort in einem seiner gut gehenden Souvenir-Geschäfte „Bonsai Cats“. Diese Souvenirs sind lebendige Katzen, die in verschlossenen Gläsern aufwachsen. Er verwendet Katzenbabys und legt sie in verschiedene Behälter, meist aus Glas, wobei sie eine Sonde vorne zur Ernährung und eine Sonde hinten, zur Ausscheidung eingeführt bekommen.

So. Ich musste mal Luft holen, und mir war speiübelschlecht. Ich selbst als Katzenliebhaberin und Katzenmama von zwei dieser kuscheligen Pelztierchen konnte das erst gar nicht fassen! Ich sah zu meiner Katze, die neben mir lag, streichelte sie und war den Tränen nahe. Nun bin ich natürlich auch noch auf diese Homepage gegangen und las nun in englischer Sprache eines dieser „Angebote“: z.B. Hocker für Kinder mit lebenden Katzen – der absolute Spielspass. Nach kurzer Zeit stockte mir der Atem und ich war nicht mehr in der Lage, weiter zu lesen. Nichts mehr mit Sätzen wie: *„Alles so sein lassen.“, „Es ist, wie es ist.“* Ich war so etwas von der Rolle und in diesem Moment war mir nicht klar, wie wertvoll diese Erfahrung für mich sein würde. Ich konnte an nichts anderes mehr denken, und ich hatte einen unbeschreiblichen Gefühls-Mix von Wut, Hilflosigkeit und Fassungslosigkeit in meinem Brustbereich. Ich schrieb einer Bekannten ein Fax, die gute Kontakte zum Tierschutz hat, und nach einer viertel Stunde gab es auch schon die Entwarnung. Tierschutz und Polizei waren bereits eingeschaltet und hatten das ausführlich überprüft. Hierbei handelte es sich um einen Scherz (sehr lustig!!) eines Studenten, der aus Langeweile Menschen einfach „zum Kotzen bringen“ wollte – genau so wurde es mir gesagt. Es wäre aber von gesetzlicher Lage aus nicht möglich, diese Internetseite sperren zu

lassen. Ich bekam dieses E-Mail von mindestens zwanzig Personen, die es auch an Hunderte weitergeleitet hatten. Ich rief kurz danach einen Kollegen an und erzählte ihm das.
Darauf er: *„Das sind Menschen, die in einem weiteren Erdenleben z.B. schwer behindert auf die Welt kommen könnten, dann noch von einem Auto breit gefahren werden könnten und … auch das würden sie überleben."*
Dieser Satz war so treffend, wie er nicht treffender sein könnte. Nach dieser Erfahrung sagte ich mir ab diesem Zeitpunkt bei allem, mit dem ich konfrontiert wurde, noch bevor Mitleid aufkommen konnte:
„Weil ich nicht weiss, wie und was Mensch erlebt und durchlebt hat, gebe ich keinen Gedanken in diese Situation. Wenn es nicht absolut die freie Entscheidung der Seele wäre, dann wäre es jetzt nicht so, wie es ist. Wie die Umstände auch immer sein mögen: es steht mir nicht zu, es zu bewerten, weil ich die Zusammenhänge nicht kenne und auch nicht weiss, warum diese Person jetzt den momentanen Prozess durchlaufen möchte. Auch wenn es mir als Mensch unangenehm erscheint, es ist die Entscheidung der Seele – und die ist immer absolut freiwillig!"
Auch diese Person – in diesem eben genannten Beispiel – hatte die freie Entscheidung, diese E-Mails zu versenden, also wird diese Seele ein anderes Mal den umgekehrten Aspekt erleben wollen. Nach dem Motto: Es gibt keine Opfer, denn das Opfer ist immer der Täter. Deshalb hier noch mal kurz die Quintessenz, bevor wir in den nächsten Schritt übergehen:
Du hast jeden Moment die Möglichkeit, eine Wahl zu treffen. Was auch immer du tust, ist deine freie Entscheidung. Für deine frei gewählten Entscheidungen hast du aber die absolute Verantwortung zu übernehmen. *Triff deine Wahl stets in Liebe und schmerzhafte Prozesse gehören der Vergangenheit an.*

Jede Seele trägt das kosmische Wissen, das Allumfassende in sich. Wir sind ein Teil der Göttlichkeit, wir sind vollkommen, nur: **wir haben vergessen, wer wir sind.** Der energetische Inhalt dieses Schrittes entspringt ebenfalls der neutralen Wahrnehmung des Herzens – **in aller Liebe zu allem, was ist.** Dieser Schritt ist, wie alle anderen Schritte im *Theorieteil*, die Vorbereitung für den *Praxisteil*, in dem ich dir verschiedene *Werkzeuge* zur Verfügung stellen werde, welche du dazu benutzen kannst, das Vergessene wieder hervorzuheben. Mit allen *Werkzeugen* gemeinsam hast du keine Ausrede mehr, für deine Bequemlichkeiten und Gewohnheiten. Denn wenn du diese Botschaften gelesen hast, wirst du dich mit deren Hilfe selbst modellieren und aus einem ungeschliffenen Diamanten – den du darstellst, einen Top Wesselton kreieren – indem du deine makellose Wahrheit und Schönheit erkennst. Es geht nämlich nicht um Verwandlung und Änderung, sondern um die Erkenntnis deines Schliffes, der nur dir selbst unbehandelt erscheint.

Es gibt keine Anleitungen und keine Richtlinien, die du befolgen musst. Aber es gibt eine Möglichkeit – eine Art Abkürzung, die du nutzen kannst, um intensiver wahrnehmen zu können, dich dem Herzen zu nähern, *um eines Tages zu fühlen und zu handeln, bevor du denkst.* Und die göttliche Energie äussert sich wie folgt: **Wenn du mir begegnen willst, dann folge dem Weg des Herzens. In deinem Verstand wirst du mich nicht finden.**

<u>Bildliche Vorstellung:</u>
Du läufst einen Berg hoch, der dein Leben darstellen soll. Du läufst über Stock und Stein, bei Regen und Schnee. Du fällst hin und stösst dich, kämpfst im Schweisse deines Angesichts gegen die Gewalt der Natur und gegen alle Hindernisse, die sich dir in den Weg stellen. Oben angekommen stellst du fest, es wird nicht einfacher – derselbe Weg abwärts erscheint dir noch steiler, und so purzelst und stolperst du weiter vor dich hin. Nach oben hin hattest du noch den Vorteil, dich zu stützen und dich auf allen Vieren festzuhalten. Aber der Abstieg scheint mühsamer, weil du gänzlichen Halt verloren hast. Geschlagen und abgekämpft erreichst du das Tal, und kaum hast du dich kurz

erholt, durchgeatmet und dich darüber gefreut, endlich angekommen zu sein, glaubst du deinen Blicken kaum zu trauen. Du reibst dir die Augen und vor dir steht: ... schon wieder ein Berg! Dieser scheint noch grösser und steiler zu sein als der, den du gerade hinter dir gelassen hast.
Da kommt jemand entspannt und frohen Mutes an dir vorbei gelaufen. Er spricht dich kurz an und sagt zu dir, er hat sehr lange vor dem Tunnel auf dich gewartet und nimmt nun noch mal die Abkürzung. Ihr werdet euch ja nach deiner „Bergtour" ganz sicher wieder sehen. Er winkt dir noch mal ganz kurz zu, lächelt – und läuft weiter.

Du kannst dich weiterhin über Berg und Tal quälen, wenn du daran Spass hast. Entscheide selbst, welchen Weg du jetzt einschlagen möchtest: den mühsamen „Ego-Trip" oder lieber doch den angenehmeren „Tunnel" des Herzens. Als deine Seele sich entschieden hatte, auf die Erde zu kommen, um sich zu erfahren, war ihr bewusst, dass sie vollkommen ist. Doch diese Vollkommenheit muss sie – wie bereits mehrmals erwähnt – ja erst durch Unvollkommenheit erfahren, wenn sie sich ihrer Vollkommenheit bewusst werden möchte. Vollkommenheit kann sich durch Vollkommenheit selbst – durch sich selbst – nicht erfahren. Du kannst nicht wissen, dass es Tag ist, wenn es die Nacht nicht gibt. Du kannst nicht wissen, was warm ist, wenn du kalt nicht kennst. Deine Seele ist hier, um sich zu erkennen und um sich zu begegnen. Die einzige Aufgabe deiner Seele ist es, sich in jedem Moment glücklich zu fühlen, in dem sie das tut, was sie tun möchte. Sie möchte sich durch Erfahrungen im Aussen erkennen. *Sich bewusst werden...*

<u>Bildliche Vorstellung:</u>
Du legst ein Baby in einen dunklen Raum. Würdest du fünf Jahre später den Raum öffnen: würde das Kind dann sprechen können und du würdest es fragen wo es ist, würde es dir diese Frage nicht beantworten können. Es würde dir nicht sagen können, dass es in einem dunklen Raum ist, weil es ja keinen Vergleich hat und nichts anderes kennt.

Durch jede Erfahrung rückst du dir selbst ein Stück näher. *Der grösste Irrtum der Menschheit ist die Vorstellung, wie Liebe und Vollkommenheit zu*

sein haben – weil der Verstand, der überhaupt nichts mit der Realität zu tun hat, es nicht wissen kann. Du selbst – *dein Selbst weiss es,* weil du alles weisst, da es ist in dir abgespeichert ist. Dein Verstand aber kann nur denken. Er soll sich am besten auch weiterhin um seine ursprüngliche Aufgabe kümmern. *Und Mensch glaubt: „Ich bin der Meinung, wenn alles vollkommen ist, bin ich perfekt, ist auch mein Aussen in Harmonie. Ich bin glücklich und zufrieden und alles um mich herum fügt sich zu einem wunderbaren Reigen voller Glanz und Glückseligkeit."* Das entspricht zwar unserem Ursprung und in diesen Zustand kommen wir als Seele, und werden uns als Mensch eines Tages auch wieder hin(einbe)geben können: wenn wir uns endlich wieder der Sprache des Herzens bedienen. *Wenn wir diese Sprache er-innern, können und werden wir – in jedem Moment - Vollkommenheit leben.*
Wie viele Menschen sagen und denken: „Ich muss noch Karma auflösen, noch etwas an mir arbeiten, noch etwas am Leben ändern, noch Dinge ausmerzen und lösen." Doch genau so ist es eben nicht. In dem Moment, in dem ich mir bewusst mache, noch etwas lösen zu müssen, entsteht wirklich ein „Problem". Also ziehe ich es nicht in mein Bewusstsein, indem ich es immer wieder durchdenke. Wir sind bereits die ganze Zeit genau das, was wir anstreben, *sein zu wollen* – und immer noch tun wir so, als ob uns das alles nichts angeht. Ich sage immer: „Lustig, jeder ist vollkommen und keiner bemerkt es." *Weil alles, was ist – egal wie es ist und was es ist – vollkommen ist.*

Stellen wir mal deine Seele als runden Kreis dar. In diesem Kreis sind alle Emotionen abgespeichert, die deine Seele darstellen. Da finden wir Hass, Zorn, Neid, Fröhlichkeit, Angst, Glück etc.. Alle diese Emotionen sind ein Teil deiner vollkommenen Seelenstruktur. *Alle Emotionen sind, wie sie sind.* Jetzt kommt Mensch und teilt diese Emotionen in gut und schlecht. „Weg mit Zorn und Angst – weg damit." und „Juhu, Freude!" und „Glück, herzlich Willkommen!" Wir gehen in die Dualität, in die Trennung und empfinden also einen Teil toll und den anderen weniger toll. Wenn aber die Seele mit all Ihren Emotionen vollkommen ist, haben alle Anteile ihre Berechtigung, zu sein. Das heisst, alle Gefühle möchten gelebt, erlebt und durchlebt werden. Also kann ich versuchen, alles aus diesem Kreis raus zu schieben, was ich als schlecht empfinde – ja, das kann ich. Nur, das kann nicht funktionieren, weil ich dann einen Teil von mir abgebe, ablehne oder loswerden will – das heisst, ich bin nicht mehr vollkommen. Ich kann mir auch nicht das Bein abtrennen, wenn mein Knie schmerzt. Dann ist der Knieschmerz weg, aber mir fehlt ein Bein. Es ist so, als würdest du versuchen, ein Stück Kuchen ohne die Eier zu essen, die darin enthalten sind. Also mach dir bewusst, dass all deine Emotionen zu dir gehören und gelebt werden möchten.

Wenn ich also versuche, etwas zu ignorieren, loszuwerden oder zu ändern, kämpfe ich gegen einen Teil von mir – ich gehe also in die bereits erwähnte Selbstablehnung, weil ich einen Teil von mir ablehne. Diese Ablehnung entspricht einer Selbstvernichtungs-Strategie und richtet sich gegen mein Dasein, gegen mich, gegen mein Sein. Nur meine Sichtweise glaubt, ständig zu wissen – was gut oder schlecht, recht und unrecht, moralisch und unmoralisch ist – *obwohl alles, was ist, absolut neutral ist. Es ist, wie es ist.* Meine Wahrnehmung kann individuell ausfallen – das ändert aber nichts an der Tatsache, dass alles *gleich-wertig* ist. Bildlich gesehen werfe ich meine Emotion, welche ich loswerden möchte, wie einen Bumerang fort und der knallt mir unweigerlich immer und immer wieder um die Ohren – weil dieses „Problem", das ich loswerden will, nicht dazu da ist, um immer wieder weggeworfen zu werden. Deswegen ist es wichtig, mir bewusst zu machen, dass ich nichts „auflösen" kann und muss, sondern alle meine Emotionen durchlebt werden möchten, und ich lediglich meine Wahrnehmung zu dem Erlebten, welches meine Empfindungen auslöst, ändern sollte. Mehr dazu unter ***Werkzeug Integration der Gefühle.***

<u>Dialog:</u>

„Ja, wenn ich mir jetzt aber vorstelle, wie ich sein möchte, das heisst, wenn ich mir ein Bild vorstelle, in dem ich so bin, wie ich mich haben möchte, – ändert sich dann etwas in meinem Leben?"

„Hast du das schon versucht?"

„Ja eben! Aber es hat nicht funktioniert!"

„Und warum glaubst du, dass es nicht funktioniert hat?"

„Weiss ich nicht."
„Weil es nicht funktionieren kann – weil du aus deinem Denken heraus schon wieder anders sein möchtest. Warum willst du dir überhaupt vorstellen – so oder so zu sein, wenn es darum geht, dich so sein zu lassen und so zu lieben, wie du jetzt bist? Also kannst du dich aus deinem Herzen heraus immer noch nicht so akzeptieren, sonst würdest du nichts an dir ändern wollen und dann bedarf es auch keiner Vorstellung mehr."

Wenn ich hier noch mal kurz das Wort „Vorstellung" ansprechen darf, so trenne ich es mal in zwei Silben: Vor-Stellung. Du hast im Leben eine „Stellung" und dieser stellst du die Silbe „vor" voran. Wenn wir nun aber alle so gut im Denken sind, machen wir daraus mal ein Wortspiel. Warum stellst du deinem Dasein, deinem Standpunkt, deiner „Stellung" etwas voran? Willst du da deinem momentanen Zustand voraus sein? Willst du etwas ändern? Warum? Es reicht doch, so zu sein, wie *du bist oder wie es* jetzt ist. Besser gesagt: es ist das Absolute, wie du jetzt bist und wie es jetzt ist. Also erledigt sich die Antwort, wieweit du eine Vorstellung in Bezug auf manipulative und gewollte Veränderung haben solltest, von selbst. Bilder sind die Sprache des Herzens und die bildlichen Vorstellungen des **Praxisteils werden dir noch sehr hilfreich dabei sein, diese wieder nutzen zu können. Aber nicht, um aus deinem Verstand heraus dich oder um dich herum etwas ändern zu wollen, sondern um dir wieder die Sprache des Herzens anzueignen und aus diesem Bedürfnis heraus – in deiner Seele etwas aus ganzem Herzen umzupolen** (zu transformieren – zu durchleben – zu integrieren). Wenn sich in dir etwas ändert, wird es im Aussen automatische Veränderungen nach sich ziehen. Wenn alles in dir in Bildern ablaufen würde, wärst du deinem Herzen sehr nahe. Die bildlichen Vorstellungen in diesem *Theorieteil* regen dein Herz zum Fühlen und Spüren an. Es passiert nicht mehr und nicht weniger, als dass das Spüren und Fühlen wieder wachgerüttelt werden. Das ist das Absolute. Mehr bedarf es nicht.

Diese Trennung von Silben ist sowieso eigenartig, denn wenn ich Wörter trenne, erkenne ich erst dadurch die ursprüngliche Bedeutung

die hinter dem Wort steht. Wenn ich sage „Jemand hat aber eine Riesen-Portion Selbstvertrauen.“, kommt dieser meist in seiner Wirkung, Ausstrahlung und in seinem Auftreten „gut rüber“. Es hat aber mit dem „Vertrauen zu seinem Selbst“ nicht unbedingt „viel am Hut“. Auch das altbewährte Wort „alleine“ ist ein Beispiel für sich. Jeder, der sich alleine fühlt, ist immer *eins mit dem All*: er ist *all-ein*. Sonderbar. Abgesehen davon, dass Worte ja nur das Gehirn erreichen und von jedem vollkommen unterschiedlich wahrgenommen werden, kommt noch hinzu, dass Wörter oft missverstanden und vollkommen eigenständig interpretiert werden. Als hätten wir die Worte, die wir gerade benutzen, zu unserem Eigentum ernannt. Es heisst nicht umsonst, man „benutzt“ Wörter – sie werden tatsächlich von uns „benutzt“ und „missbraucht“. Da wir sie ja nicht brauchen, wir sie jedoch immer noch nutzen, „benutzen“ und „missbrauchen“ wir Wörter für unsere Mitteilungen. Ob sie wirklich nützlich sind und ob wir sie nun wirklich brauchen, lasse ich jetzt mal dahingestellt. Und im Wort „Mitteilung“ steckt auch sinngemäss die Aussage, dass ich meine Gefühle und mich *mit-teile.*
„Du hast das gemacht!“ und es folgt ein: „Ja, aber du hast das auch gemacht!!“ Bewertungen, Meinungen und Vorwürfe sind keine „Mitteilungen“. Diese sind in unserer Gesellschaft etwas verloren gegangen oder reduzieren sich nur noch auf Notizen und Memos. Was gibt es schöneres, als einem Menschen offen und ehrlich seine Gefühle weiterzugeben, sich eben *„mit-zu-teilen?“* Den anderen teilhaben zu lassen an meiner Gefühlswelt, an meinen Emotionen und an all dem, was mich bewegt und berührt.

Gott liebt Dich, wie Du bist. Der liebe Gott – oder wie immer wir diese Energie auch nennen wollen – steht in allumfassender Liebe zu uns, zu dir, zu allem was ist. Die Menschen üben Gewalt aus, misshandeln sich, bekämpfen sich und die Erde. Viele Menschen haben immer noch nicht begriffen, dass sie hier auf der Erde nur zu Gast sind. Mutter Erde leidet nicht – sie sieht uns einfach nur zu. Mit grossem, weiten Blick, denn ihr ist bewusst, was wir da fabrizieren. Im Zustand des Erdumfeldes und der Erde selbst gibt es viele wahrnehmbare Veränderungen. Weil wir so sind, wie wir sind, ist es in diesem

Moment auch in unserem Umfeld so, wie es ist. Wie soll sich der ewige K(r)ampf im Aussen lösen, wenn ich mich selbst in einem K(r)ampf mit mir und meinem Leben befinde? Chaos im Aussen ist ja auch selbstverständlich, wenn ich ein Chaos in mir habe und wie soll im Aussen Fülle über mich kommen, wenn ich in und aus der Leere heraus lebe? So lieblos, wie ich mit mir umgehe, so lieblos geht auch das Leben mit mir um. Dass dies ein logisches, selbst inszeniertes Wechselspiel meines Lebensumstands ist, ist glasklar zu erkennen – auch ohne Brille.
Ich möchte geliebt werden und liebe mich selbst nicht. Ich möchte Anerkennung und gebe mir selbst keine. Ich möchte, dass jeder Mensch mich so sein lässt, wie ich bin – aber ich schaffe es ja nicht einmal, mich selbst so sein zu lassen, wie ich bin. Ich möchte Mitgefühl und habe nicht einmal Mitgefühl mir selbst gegenüber. Wie soll mich im Aussen jemand genau so akzeptieren, wie ich bin?
... wie soll das bitte funktionieren, wenn ich es nicht einmal schaffe, mich selbst in allen Facetten, in allen Lebenslagen und in all meinen Emotionen so sein zu lassen, wie ich bin? Dieses Umsetzen würde man ganz einfach *Selbstliebe* nennen.

Die gesamte Weltsituation um uns herum wird immer brenzliger. Wann sehen wir die Dinge endlich mit unserem Herzen? Es ist schon lange nicht mehr fünf Minuten vor zwölf – es ist bereits zwölf vorbei! Hast du das auch schon bemerkt?
Und immer noch schlagen wir uns mit unseren scheinbaren Problemchen herum und legen unsere ganze Aufmerksamkeit in ein illusorisches Dasein. Wann werden wir endlich *erwachsen*, oder besser gesagt: Wann sind wir wieder „Kind" und kehren zu unserem unbeschwerten leichten Ursprung zurück? Wir finden uns toll, wenn wir versuchen, im Aussen das „Schlechte" zu bekämpfen und gegen Dinge vorgehen, die wir als „falsch" empfinden. Wir sollten nicht kämpfen oder versuchen im Aussen etwas zu verändern. Wir sollten endlich damit beginnen, *in uns* etwas zu bewegen und *Selbstzentrierung zu leben.* Würde das jeder Mensch umsetzen, würden sich alle geglaubten „Probleme" von selbst lösen, da die „Lösung" sich über das Sein eines jeden Einzelnen definiert. Jeder Mensch, der selbstzentriert

ist, „korrigiert“ sich automatisch selbst und ebenso alles, was „korrigiert“ werden möchte. Wenn es uns schlecht geht, hadern wir mit „Gott“ oder sind frustriert, weil er uns so gar nicht helfen will. Was er alles so zulässt, dass uns immer wieder der Boden unter den Füssen weggezogen wird. Warum tut er nichts? Warum greift er nicht ein? *Gott greift nicht ein, weil er uns liebt und weil Gott nicht hilft und eingreift, ist er* in der *Liebe.* Weil er uns alle frei gewählten Erfahrungen machen lässt und alles seine Existenzberechtigung hat, weil jeder durch sein realitätsfremdes Gedankennetz mit dazugehöriger Sichtweise und Emotion sein Dasein formt. *Gott lässt uns in Liebe sein, wie wir sind.*

„Bitte Gott, hilf mir! Warum lässt du das zu? Warum nimmst du mir einen geliebten Menschen? Warum lässt du Krieg zu? Warum lässt du leiden und morden?“
„Weil ich euch liebe.“
„Wie kann ich das verstehen?“
„Hier gibt es kein Verstehen. Es gibt nur eine Wahrheit, und die lautet: Ich würde euch nicht lieben, wenn ich in euer Leben eingreifen würde!“

<u>Bildliche Vorstellung:</u>
Stell dir vor Gott, ist eine Person. Ein Mann? Eine Frau? Nun gut, eine Person im Manneskleid. Er sitzt da oben auf einem Stuhl. Irgendwo über uns in einem bequemen Sessel, wobei er die rechte Hand auf seinem rechten Fuss liegen hat und sich mit den Fingern so nacheinander auf den Fuss klopft. Als würde er geduldig etwas beobachten, vielleicht auch einfach als Zeitvertreib. Die linke Hand ruht auf seinem Mund, wobei der Zeigefinger auf seinen Lippen liegt. Er überblickt die ganze Erde, alles gleichzeitig. Alles was geschieht, passiert einfach. Da rechts unten wird gerade ein Mann erschossen. Aha, und links vorne wird gerade eine Frau misshandelt. Das ist ihm gerade aufgefallen. Ansonsten kann er die tausend Streitigkeiten, Ärgernisse und Wehwehchen der Menschheit gar nicht so in ihren Einzelheiten erkennen – und dennoch nimmt er alles gleichzeitig wahr. Ihm entgeht nichts.
Ups – plötzlich wird da rechts hinten jemandem der Kopf abgehackt. Der liebe Gott beobachtet das, was geschieht, unter folgendem Aspekt: „Ich liebe euch, wie ihr seid. Ihr dürft erleben, was ihr erleben möchtet. Ihr dürft alle

Erfahrungen machen, die ihr machen wollt – aber ihr müsst die Verantwortung für euer Tun und euer „Nicht-Tun" übernehmen.

Seine Wahrnehmung bei tief schwingenden Geschehnissen ist immer dieselbe: „Denn sie wissen nicht, was sie tun."
Und wir wissen wirklich nicht, was wir tun – sonst würden wir vieles nicht mehr tun. Aus dem Tun des Egos heraus würden wir rasch ausbrechen, wenn wir uns der Wirkung unseres Tuns bewusst wären. Ja und der, der eben noch dem anderen den Kopf abgetrennt hat, der soll aus seiner freien Wahl heraus die Verantwortung für sein Tun übernehmen, welches folgende Seelenerfahrung sein könnte: z.B. mal zu erfahren, wie es ist, vergewaltigt zu werden oder wie es sich anfühlt, mit einer körperlichen oder geistigen Behinderung zu leben. Wenn er Glück hat, sitzt er nur in einem Straflager bei Wasser und Brot oder ist Sklave in den ehemaligen Südstaaten. Dort ist man ja im „Schwarz-Weiss-Denken", welches wir immer noch an den Tag legen, im wörtlichen Sinne gut aufgehoben. Dies gilt nicht als Strafe, denn die Seele wählt hier die Erfahrung einer gegensätzlichen Rolle, die auch einfach nur ist, wie sie ist: Eine Erfahrung eben.

Die göttliche Quelle –„Gott"– erwartet nichts, fordert nichts, wünscht nichts und greift nicht ein. Hätte *er* dennoch einen Wunsch, könnten wir ihm diesen *eigentlich* erfüllen, wenn wir nur nicht so kompliziert wären und an unserer Sichtweise so festhalten würden. **Es ist weitaus schwieriger, in dieser Sichtweise zu bleiben, als sich aus dieser Sichtweise zu lösen.** Es ist wirklich schwierig, daran festzuhalten, deshalb haben wir ja auch so viele „Schwierigkeiten". Wir sind schwierig, das Umfeld ist schwierig, und das Leben ist schwierig – weil wir schwierig sind.
Um auf den Wunsch zurückzukommen: ***Würde Gott sich etwas wünschen, wäre dieses, dass wir uns genau so lieben, wie er uns liebt – bedingungslos und allumfassend – in allem, was ist.*** Wir sollten uns in jedem Moment so lieben, wie wir sind – ohne jegliche Einschränkung und ohne „Wenn und Aber" – *für alles, was wir tun, fühlen, denken und sind.* Sich zu lieben bedeutet nicht nur, sich einfach ab und zu mal gern zu haben und sich dann wohl zu fühlen.

Mich zu lieben heisst, mich in allen Facetten anzunehmen, *so wie ich bin*. Mich endlich so sein zu lassen, wie ich bin. **Weil jede Seele – so wie sie ist – vollkommen ist.**
Jetzt kommt die grosse Frage: Wie lieb' ich mich gerade mal so auf die Schnelle selbst?
Geht nicht?
Geht schon!

Die Vorstufe der Liebe ist Mitgefühl. Je mehr Mitgefühl ich mir gegenüber entwickle, desto mehr Liebe wird in mir wachsen und das ist die einzige Aufgabe, die ich hier auf Erden habe – mir selbst in Liebe und Harmonie zu begegnen. Mich ab jetzt so sein zu lassen, wie ich bin. Mich dafür zu lieben, dass ich traurig bin. Mich dafür zu lieben, dass ich Angst habe. Mich dafür zu lieben, dass ich mich ablehne und wenn ich denke „Das kann ich nicht, weil ich ja nicht so empfinde.", dann sollte ich authentisch sein und mich dafür annehmen, dass ich *es oder mich* nicht annehmen kann. Dies kann ich eventuell auch den ganzen Tag über mit Gedanken unterstützen. (Weitere Informationen dazu in ***Werkzeug Integration der Gefühle***). In dem Moment, in dem ich mich z.B. traurig fühle, denke (sage) ich zu mir „Ich bin traurig. Ich gestatte mir, traurig zu sein. Ich gestatte mir, so empfinden zu dürfen. Es ist okay." Wenn ich diese Traurigkeit aber nicht annehmen will – weil ich sie ablehne, dann wiederum: „Ich nehme mich dafür an, dass ich diese Traurigkeit nicht annehmen kann. Diese Traurigkeit ist ein Teil meiner Vollkommenheit – ein Teil, der gelebt werden möchte. Es ist okay."

Es ist okay ist eine Abkürzung, die ich mir immer und immer wieder bewusst machen kann. Diese Unterstützung spielt sich zwar hauptsächlich im Gedanken ab – ist jedoch eine Hilfe, weil ich mich nicht mehr unter Druck setze, etwas nicht zu dürfen, etwas falsch zu machen, mir oder jemandem „entsprechen zu müssen" (Die Übungen dazu findest du im ***Praxisteil***).
Ich kann natürlich nicht sagen „Juhu, ich habe Schmerzen – wie toll!" oder „Ich nehme die Schmerzen liebevoll an.", wenn es mir vor lauter Schmerzen fast die Zehennägel aufrollt. Aber indem ich authentisch

bin, kann ich es genauso formulieren, wie ich es empfinde und es wie folgt benennen "Sch... Schmerz, du gehst mir *so was von auf die Nerven* und ich will und kann dich überhaupt nicht annehmen, weil es mir hundsmiserabel (wo kommt überhaupt dieses eigenartige Wort „hundsmiserabel" her? Fühlt sich ein Hund miserabel?) geht – aber es ist okay, dass ich es so empfinde, und dass ich es nicht annehmen kann und will!". Authentisch zu sein bedeutet, es immer so zu formulieren, wie ich es empfinde. Ich kann mich auch nicht vor den Spiegel stellen und sagen „Heut' fühl' ich mich echt dick. Ich mag keine Dicken, aber ich bin vollkommen!" Das wäre eher ein Einredenwollen, was natürlich keinen Sinn macht.
Viele Menschen sagen zu mir: „Ich mach' das ja schon seit Jahren so. Ich sage mir immer „Ich bin vollkommen. Ich bin Licht und Liebe." Ja, wenn du das nicht so empfindest, kannst du dir das auch nicht einreden. Also immer so denken oder sprechen, wie du es gerade fühlst. Wenn du „Ich bin Licht und Liebe" aus der Ebene des Herzens heraus fühlst, brauchst du es nicht mehr auszusprechen, weil du es ja bist. Warum solltest du es zu dir sagen, wenn du es bereits so empfindest?!
Wenn du es aber nur denkst, *ohne* dabei zu fühlen, dann brauchst du es gar nicht erst zu sagen. **Du sagst es doch nur, weil du meinst, wenn du es sagst, dann ändert sich deine Situation.** Hier stellst du dir immer wieder selbst ein Bein. Warum tust du etwas? Weil du es tun willst – oder weil du glaubst, dass es dir dann besser geht, wenn du es tust? Wenn Letzteres der Fall ist, kannst du es gleich sein lassen. So manipulierst du dich selbst und trickst dich aus – ohne es zu merken. Sei einfach du selbst und mach nur Dinge, die dir gut tun und die du auch wirklich machen willst. Mach das, was dir Freude bereitet und lass alles andere sein. Isst du etwas, was dir nicht schmeckt? Ja vielleicht – weil man dir gesagt hat, dass es gesund ist, obwohl du das Verlangen gar nicht danach hast, es zu dir zu nehmen.

Du bist wie ein Hund, der seinem Schwanz hinterher rennt und ihn einfach nicht einfangen kann. Du drehst dich im Kreis und bewegst dich nur im Aussen. Du suchst immer noch nach einer Lösung, die es gar nicht gibt – zumindest nicht dort, wo du sie suchst. Du selbst bist die Lösung – wenn du beginnst, aus der Ebene des Herzens heraus zu leben. Wie? Ganz einfach: Du brauchst dazu nur einen direkten Zugang zu deinem Herzen zu schaffen, um von dort aus deine Schwingungsfrequenz zu erhöhen.

Verrenkst du dich noch immer, indem du glaubst, meditieren zu müssen, jeden lieben zu müssen, nicht bewerten zu dürfen und enthaltsam leben zu müssen? Tausende von Vorschriften, wie du sein sollst und was noch alles zu tun ist. Echt mühsam! Das kann doch keinen Spass machen. **Glaubst du, dass in deinem Leben irgendetwas für dich hilfreich oder sinnvoll sein kann, wenn du keinen Spass daran hast?** Ein Zwang, den du dir auferlegst, um so zu sein, wie du glaubst, sein zu müssen?
Du kannst dich nicht verbiegen und sollst es auch nicht. Wie bereits gesagt, du bemerkst es nur nicht, dass du nicht vollkommener sein kannst als in diesem Moment.
Wie viele Menschen helfen oder handeln aus einem schlechten Gewissen heraus, weil sie glauben dadurch beliebter zu werden?
Wie viele Menschen sprechen Affirmationen, weil sie glauben, es würde sich dadurch etwas verändern?
Wie viele Menschen meditieren, weil sie das Gefühl haben, sich damit näher zu kommen?
Wie viele Menschen sind in dem, was sie tun, auch mit dem Herzen dabei und handeln aus dem Bedürfnis heraus, sich darin wohl zu fühlen?

Das ist der grosse Unterschied zwischen diesen zwei Ebenen. Wenn du es aus ganzem Herzen fühlst, musst du auch nichts mehr tun, wollen, anstreben etc. – dann kommt jegliche Fülle auf dich zu, weil du es endlich geschafft hast, aus dieser Ebene heraus zu *erschaffen* – aus dieser Ebene heraus zu sein. ***Ersetze die Illusion durch die Realität, damit sich diese durch sich selbst erfüllt.***

Bildliche Vorstellung:
Du gehst in einen Supermarkt. Dieser Supermarkt ist dein Verstand. In diesem Geschäft gibt es genau zwölf Dinge zu kaufen. Die Auswahl ist mager,

und alles sieht gleich aus. Nebenan ist die Grosshandelskette des Herzens. In diesem Geschäft fährst du nach zehn Stunden immer noch denselben Gang entlang, weil kein Gang je endet. Hier steht dir ohne jegliche Einschränkung alles in Hülle und Fülle zur Verfügung. Welches Geschäft hört sich verlockender an?
Blöde Frage? Nein, „eigentlich" nicht, würde ich sagen. Du befindest dich selbst ja seit sehr langer Zeit „im Supermarkt". Nichts von dem, was du willst, gibt es hier. Es wird hier nichts Sinnvolles angeboten. Aber immer bist du noch zornig, dass du nicht das bekommst, was du willst. Deine Verzweiflung und Hilflosigkeit nutzen dir hier nicht wirklich etwas. Du kannst warten, bis du schwarz wirst. Vielleicht flüstert dir jemand die Adresse dieser „sonderbaren" Grosshandelskette ins Ohr. Die gibt es schon länger als diesen „schwindligen" Supermarkt, in dem du dich ständig herumtreibst – du hast nur noch nie genau hingehört. Vor dieser Grosshandelskette steht jemand mit einem Sprachrohr und ruft dich seit Jahren. Dieser jemand spricht aber eine andere Sprache. Dein Verstand kann ihn nicht verstehen, denn es ist die Sprache des Herzens. Vielleicht gehst du zur Abwechslung mal in dein Herz, um diesem Ruf zu folgen – denn dort bekommst du ALLES. Du entscheidest.

Wir wissen, unser Verstand ist blockierend. Er hält uns von unserem intuitiven Handeln ab, er zieht uns runter und wir vergeuden Energie. Gedanken erschaffen Realität: Sie machen krank, sie stören uns in unserem Sein, und sie beeinflussen unser Umfeld, weil wir mit jedem Gedanken *an etwas* – energetisch – *in etwas* eingreifen. Das ist dir längst bekannt und auch überhaupt nichts Neues. Aber dass dein Nachdenken überhaupt keinen Sinn macht, **weil dein Verstand nicht zum Nachdenken sondern zum Denken „gedacht" ist**; dass du dich immer noch im Schuhgeschäft aufhältst, obwohl du doch so gerne eine Sonnenbrille hättest; dass du von dort, wo du dich jetzt aufhältst, überhaupt nicht weiterkommen kannst – das solltest du einmal auf dich wirken lassen.
Es bekommt alles eine neue Perspektive, weil es nicht *„keine Lösung"* gibt, sondern sie da nicht zu finden ist. Sorry, wenn ich mich da wiederhole, aber hier geht es lediglich um die Erkenntnis, dass ich vorerst das Geschäft (die Ebene) wechseln muss, um überhaupt etwas

zu bekommen (zu bewegen), bevor ich mich – *dort angekommen* – an das *er-innern* kann, was dort in mir abgespeichert ist. So nebenbei bemerkt: es ist gar nicht so einfach, diese gefühlsmässigen Wahrnehmungen in Wörter zu verpacken.

<u>Dialog:</u>
„Du solltest dein Denken auf ein Minimum reduzieren. Alle Fragen einfach sein lassen. An Dinge denken, die dir Spass machen und dich gedanklich nicht in Dingen aufhalten, die dich runterziehen."
„Alles klar."
„Alles, was du wissen möchtest, hilft dir nicht weiter - weil du dann zwar eine Antwort hast, es aber nichts an deiner jetzigen Situation ändert."
„Okay, danke. Ich werde es üben."
„Du musst es nicht üben, sondern es lediglich tun."
„Okay, ich will es versuchen."
„Wenn du ein Buch lesen möchtest: versuchst du, es zu lesen – oder liest du es?"
„Okay. Ich lese es.
Darf ich dich noch was fragen?"
„Gerne. Ob du darauf jedoch eine befriedigende Antwort erhältst, wird sich herausstellen."
„Soll ich meinen jetzigen Job beenden? Ich fühle mich dort nicht mehr wohl."
„Das kann ich dir nicht beantworten. Wenn es für dich überhaupt nicht mehr passen würde, dann hättest du ihn schon beendet."
„Ja aber ich weiss nicht so recht, wie ich es anstellen soll und ich finde den Mut nicht, um zu kündigen."
„Dann ist der Zeitpunkt auch noch nicht reif. Der Verstand hält dich davon ab, es zu tun. Das erkennst du im *Ja aber*: dein Gefühl sagt *Ja* – dein Verstand *aber* zweifelt."
„Mir fällt die Entscheidung eben schwer, obwohl mir meine Arbeit *nicht* mehr gefällt!"
„Das Wort *nicht* zeigt dir die ursprüngliche Wahl deiner Seele, die durch die Kraft deiner Worte, deiner Aussage, entsteht und hervortritt. Alles was du ablehnst, möchte deine Seele erleben. Streiche das

Nicht **in deinem Satz und du hast die wahre Aussage vor Augen. Deine Seele möchte eben genau diese Erfahrung machen, weil du dich innerlich gegen diese Erfahrung wehrst. Würde ich zu dir sagen, dass du morgen kündigen sollst und du tust es auf meinen Rat hin, bist aber noch nicht dazu bereit, dann trage ich die Verantwortung für diese Entscheidung mit. Du wirst es dann tun, wenn du es tust."**

„Ich will etwas in meinem Leben ändern und vor allem etwas anderes tun. Hast du einen Rat?"

„Du hast jederzeit die Möglichkeit eine andere Wahl zu treffen, die Wahl die deinem Gefühl entspricht. Wenn du etwas willst, hältst du dich davon ab, es umzusetzen. Du musst es nicht wollen – tu es einfach!"

„Ja aber..."

„Aha! Das *Aber* entspringt schon wieder dem Verstand."

„Aber wie mach' ich es?"

„Warum fragst du mich, wenn du es tun möchtest? Wie bereits gesagt hältst du dich durch dein Denken von der Durchführung ab, weil dein Verstand sich dazwischen drängelt – bevor du etwas tust. Du gibst ihm die Macht. Es geht nicht darum, wie du etwas tust und was du tust – es geht darum, ohne zu denken aus dem Herzen heraus zu wirken. Brauchst du noch ein Kindermädchen, das dir ständig sagt, was du zu tun hast?"

„Nein. Aber eines habe ich nicht ganz verstanden..."

„Seufz...?!?"

Du kannst aus dem Verstand heraus nicht begreifen, was für dein Herz bestimmt ist. Dieses Beispiel entspricht einem alltäglichen Kunden-Gespräch, in dem der Verstand Überhand genommen hat – so wie wir es üblicherweise von ihm gewohnt sind. Es ist gar nicht mehr unser Denken, *es denkt in uns.* Automatisch, ob wir es nun wollen oder nicht. Wir sind nicht zu blöd, um es zu begreifen. Das Denken hat sich in uns so eingeprägt, dass es hier wirklich auch eine Hilfestellung braucht, um es wieder etwas kleiner zu halten und auch das folgt im ***Praxisteil.*** Wen kümmert's – ich befinde mich also immer noch auf dieser tiefen Schwingungsfrequenz, weil ich es ja seit Jahren so gewohnt bin – weil

ich in meinem Denken längst gefangen bin und es ja gar nicht mehr bemerke. Weil es mir keiner anders gesagt hat und weil ich nur so manipulierbar bin.
Stell dir hundert Personen vor, die alle in der Neutralität leben, inklusive dir. Jetzt kommt jemand auf dich zu und sagt: „Hallo, du! Ich möchte einen Krieg führen!". Du sagst „Okay, kannst du machen, wenn du möchtest. Es ist deine Entscheidung, und du musst die Verantwortung für dein Handeln übernehmen. Alles klar.". Du drehst dich um und gehst weiter. Alle anderen sagen dasselbe. Was macht der, der Krieg führen will, wenn keiner hingeht? Tolle Vorstellung: Es ist Krieg – und keiner geht hin!
Wir sind nur aus der Angst heraus manipulierbar, und diese schwingt sehr niedrig. Also ist es auch gewollt, das wir nicht höher schwingen, denn wenn wir uns – ohne jegliche Angst – alle in der Liebe aufhalten, dann sehen alle „Machtpositionen" echt arm aus. Was ich damit meine, weisst du selbst. Ich will hier auch nicht näher darauf eingehen.

Thema-Wechsel: Weg vom Verstand, hinein ins Gefühl – zum Ursprung der Kunst: *„Sich so sein zu lassen, wie man ist."* Wenn ich früher mal zornig war, habe ich mir z.B. laut gesagt: „Ich bin vollkommen, ich bin göttlich, und ich bin Mensch. Ich erlaube mir, zornig zu sein!" Dann konnte ich noch etwas fluchen oder meine Bücher aus dem Regal auf den Boden werfen – egal, ich erlaubte mir, in diesem Moment so zu sein, wie ich gerade war. „Macht echt Spass!" Ich muss mich nicht schlecht fühlen für eine Handlung, ein Wort, ein Gefühl. Wenn ich das dann alles auch noch so empfinde, ist es perfekt. Wenn ich mir den Freiraum gebe, so zu sein, wie ich bin, bedeutet das: Leichtigkeit. Wenn ich Mühe habe mit dem Ausdruck „Ich bin vollkommen", weil ich es nicht so empfinde, dann mache ich mir bewusst, dass dieses *„ich bin"* ursprünglich *„die Seele ist"* bedeutet und die Seele ist vollkommen, ganz klar! Ich als Mensch verhalte mich nicht dementsprechend, weil ich ja vergessen habe, *wer ich bin.* Was auch immer der Mensch in seinem menschlichen Dasein so „herum murkst", hat mit der Seele selbst *nichts zu tun.*

Machen wir uns einmal bewusst: Wie gehe ich überhaupt mit mir um?

Ist es liebevoll mir selbst gegenüber, wenn ich ständig das Gefühl habe anders sein zu müssen und mich ständig unter Druck setze? Ständig muss ich nicht nur den anderen, sondern auch noch meinen eigenen Vorstellungen entsprechen. Echt anstrengend, mühsam und einschränkend! Es nimmt mir die Luft zum Atmen. Mein Verstand sagt mir ständig „Das tut man nicht! Das darfst du nicht! Das sollst du nicht! Das gehört sich nicht! Da musst du dich noch ändern ... und überhaupt!". Zum Kotzen.
Wer sagt mir überhaupt, was ich kann, darf, soll, muss? Kann ich das nicht für mich selbst entscheiden? Brauche ich den Verstand als eben erwähntes Kindermädchen, das ständig an mir herumnörgelt? **Wenn ich mir bewusst mache, dass es keine Vorschriften, Regeln und Richtlinien für mein Verhalten, Denken, Fühlen und Sein gibt – wobei ich mir diese Grenzen immer nur selbst auferlege – bekommt das Leben wieder Leichtigkeit.** Endlich darf ich so sein, wie ich will – schon allein dieser Satz macht Spass!

Bildliche Vorstellung:

Dein inneres Kind steht wie ein kleines Männchen vor dir. Dein inneres Kind beinhaltet alle Emotionen, die es gibt, und es ist sehr geduldig mit dir. Du hast z.B. Angst und willst diese loswerden. Du befindest dich deshalb in der Ablehnung gegen diese Gefühle, weil du dich noch nicht zur Genüge mit ihnen auseinandergesetzt hast. Du nimmst also dieses kleine liebevolle Wesen, das vor dir steht – und knallst es gegen eine Wand.
Du bist traurig. Auch das passt dir natürlich nicht. Du willst fröhlich sein, weil dir das traurig sein nicht gefällt. Weil du meinst, es gehört nicht so – du willst doch lieber fröhlich sein. Indem du dich dafür ablehnst, nimmst du dieses Wesen wieder in die Hand und knallst es wieder gegen eine Wand. Weil du dich ständig für irgendetwas ablehnst und dich ständig selbst bekämpfst, nimmt dieser Kreislauf kein Ende. Das Wegwerfen des Männchens ist vergleichbar mit dem ewigen „etwas loswerden Wollen" – ein Kampf, der sich gegen dich selbst richtet.
Das kleine innere Kind steht immer wieder auf, in Liebe und Geduld – in der Hoffnung, dass du eines Tages begreifst, dich endlich um deine Emotionen – um dich – zu kümmern: dir Aufmerksamkeit zu schenken, dich zu bejahen und dich zu akzeptieren. Dich dafür zu akzeptieren, dass du so bist, wie du

bist. Bejahe deine Gefühle und dich selbst in jedem Moment: deine Emotionen – dein **so Sein** *– dich nicht mehr zu verstossen, zu verleugnen, abzuwürgen, zu ignorieren oder etwas loswerden zu wollen.* **Du bist in jedem Moment etwas Besonderes und indem du es erkennst, zulässt und fühlst, wird es sich automatisch wandeln.** Du wirst dich wohl fühlen. Du darfst ohne jegliche Vorschriften und Entsprechungen so sein, wie du sein möchtest. Näheres dazu findest du wiederum im ***Praxisteil Werkzeug Integration der Gefühle.***
So nebenbei bemerkt: Geh jetzt bitte nicht in den Verstand und sage „Ich kann jetzt alles tun. Toll! Was ist jetzt wenn ich Nachbars Haus anzünde?" Haha, echt witzig. Natürlich gehe ich davon aus, dass ein bewusster Mensch das nicht tut. Es sollte kein Freibrief für „rüpelhaftes" Benehmen sein, indem ich mein Gegenüber anrülpse oder einem Vorbeigehenden das Bein stelle. Ich darf jetzt nicht plötzlich alles tun, was ich vorher nie gemacht habe, weil alles okay ist, sondern – *ich bin, wie ich bin und lasse mich so sein, wie ich bin.* **Egal was du tust, vergiss nicht, dafür die bereits mehrmals erwähnte Verantwortung zu übernehmen.**

Um noch einmal auf die Vollkommenheit zurückzukommen: Vollkommenheit bedeutet nicht, auf Wolke sieben zu schweben und „perfekt" zu sein, wie es der Verstand meint. Ich bin jederzeit vollkommen. Ob ich bewerte, ob ich hadere, ob ich stundenlang in die Luft schaue, ob ich Schmerzen habe. Wenn ich mich endlich so sein lassen kann, wie ich bin – ohne ständig zu hadern, was nun alles nicht so toll an mir ist – bin ich meiner Vollkommenheit näher als zuvor. **Ich begegne meiner Seele in Liebe, weil es aus Verständnis zu mir, in Einsicht und Geduld mit mir geschieht.**

<u>Bildliche Vorstellung:</u>
Ich habe Lust, mein Geschirr aus dem Fenster zu werfen. Macht echt Spass! Auch in diesem Moment bin ich vollkommen. Wer sagt mir, dass das nicht vollkommen ist?! Mein Verstand? Mein Partner? (Vielleicht habe ich dann eventuell eine kleine Macke. Auch okay.)
Was auch immer im Aussen passiert, was auch immer ein anderer sagt, hat mit mir nichts zu tun. Wenn ich mich daran störe, dann beginnt es, mit mir

etwas tun zu haben. Also, immer noch bin ich dabei, das Geschirr aus dem Fenster zu werfen. So, und jetzt noch die letzte Tasse! Was ist nun passiert? Das Geschirr ist kaputt. Ich werde es wegräumen müssen und vielleicht ein neues kaufen. Aber ich hatte das Bedürfnis, das zu tun. Auch wenn das ein seltsames Beispiel ist, was passiert dann? Ich fühle mich gut, weil mir danach war. Danach der Verstand: „Das darfst du nicht! Das tut man nicht! Das teure Geschirr – was wohl der Nachbar denkt? Hoffentlich hat es keiner gesehen!" ***Du begrenzt dich nur in deinem Denken – im Herzen gibt es keine Begrenzungen.***

Auch wenn das jetzt ein etwas aussergewöhnliches Beispiel war: Warum verbiete ich mir etwas, das mir Spass macht? Weil mein Verstand meint, es so zu wissen und zu glauben. Mein Verstand, der „Chef" da oben, sagt mir schon, wo es langgeht. Solange ich ihn Chef sein lasse, bin ich selber schuld. Ab sofort ist er mein Mitarbeiter. Mitarbeiter kann man kündigen. Er hingegen könnte dir gar nicht kündigen, denn Sklaven kann man nur verkaufen. Du machst dich durch deinen Verstand zu deinem eigenen Sklaven. Macht dir das Spass?

Was auch immer du in deinem Leben als Mensch im Aussen getan hast, spielt keine Rolle. Ob du Mutter Theresa warst; ob du eine Firma, ein Haus oder ein Auto hattest, einen oder fünfzig Partner; welche Ausbildungen du gemacht hast, ob du sportlich warst, ob du Hobbys hattest oder nicht – **eine Rolle spielt lediglich, wie weit du dich selbst wahrgenommen hast, wie weit du dich zu deiner Seele hin entwickelt hast.** Du gehst aus dem Körper, und plötzlich schwindet die Illusion des menschlichen Daseins. Es interessiert „niemanden", was dein kleines „lächerliches" menschliches Ego gemacht, getan, gesagt oder gedacht hat. **Die einzige Frage, die dir sinngemäss nach deinem Erdendasein auf „energetischer" Ebene gestellt wird, lautet: Wie weit hast du dich um dich gekümmert – wie bist du mit dir umgegangen?** Es sollte kein Tag vergehen, an dem du vor dem Einschlafen nicht zu dir sagen kannst: „Heute habe ich für mich gelebt; habe ich mich um mich gekümmert; habe ich mich wahrgenommen." Da müsste manch einer aber jahrelangen Schlafmangel in Kauf nehmen. Nein, im Ernst: versuche es nicht, sondern entwickle das Verlangen danach, deine Bedürfnisse und Gefühle wahrzunehmen und zu leben.

Auch wenn es nichts gibt, was ich tun muss, leben wir nun mal in einer realitätsfremden Struktur, der ich mich manchmal doch anpassen muss. Ich muss auch meine Rechnungen schreiben, meine Buchhaltung machen – weil es Vorschrift ist. Wenn dein Kind in den Kindergarten kommt und du es nicht impfen lassen willst, stehst du auch vor einem scheinbar unlösbaren Problem. Wenn ich sage, dass es keine Vorschriften gibt, geht es hier natürlich um die Dinge, *die mit dir,* deiner Seele und deiner Gefühlswelt zu tun haben – unabhängig von der realitätsfremden Gesellschaftsstruktur. **Um diese Struktur zu wandeln, braucht es genau jetzt deine ganze Aufmerksamkeit, die du dir selbst geben solltest. Wenn du dir Liebe schenkst, schenkst du sie allem was ist – gleichzeitig! Das Einzige, *das wandelt,* ist Liebe.**

<u>Dialog:</u>
„Hast du dich geliebt?“
„Ich hatte einen tollen Mann!“
„Hattest du Freude an deinem Leben und an dir selbst?“
„Ich hatte Freude an meinem Job und hatte ein gutes Einkommen!“
„Hast du dich mit dir selbst auseinander gesetzt?“
„Ich hatte Kinder, um die ich mich gekümmert habe!“
„Hast du dich daran erinnert, wer du bist?“
„Wie sollte ich?! Ich war ja ständig mit meinem Umfeld beschäftigt!“
„Was hast du denn nun überhaupt für dich selbst getan?“
Schweigen.
„Hattest du immer Freude an deinem Leben? Hast du deinen Verstand ausschliesslich zum Denken benutzt? Hast du die Botschaften deines Körpers wahrgenommen?“
Keine Antwort.
„Okay – keine Fragen mehr.
Ein kleiner Hinweis: Gib nicht deinem Leben Freude – sondern der Freude Leben.“

Wenn du eine dieser Fragen *gar nicht* oder mit einem *Nein* beantworten würdest, solltest du jetzt damit beginnen, deine Aufgabe, für die du hier bist – nämlich „in dein Herz umzuziehen" – langsam mal umsetzen. Ich sage nicht „schleunigst", weil du das Tempo selbst bestimmst. Du hast alle Zeit der Welt. Doch denk daran: es kann sehr ungemütlich werden in deiner alten Wohnung. Glaube mir, in der neuen Wohnung ist es viel gemütlicher, ruhiger und bequemer. Erkenne, dass die Realität im Herzen wohnt. In der Realität sind dein Nachdenken und die daraus resultierende Sichtweise nicht mehr zu Hause. Die wohnen im Nebengebäude, und aus diesem Haus der Illusion ziehst du ja gerade aus. Alle visionären Seifenblasen, die dort entstehen, zerplatzen sehr schnell, weil die Illusion keinen Bestand hat.

Immer wieder wird man aus der Realität in die Illusion zurückgeholt, z.B. dann, wenn man sich aus einer Erwartungshaltung heraus verletzt fühlt. Du kannst aber natürlich weiterhin im Haus der Illusion wohnen bleiben – mit der Tatsache, Verantwortung für dein Tun und Nicht-Tun, dein Denken, Handeln – dein *so Sein* – zu übernehmen. Diese Verantwortung zu übernehmen bedeutet: dass du dich dann aber nicht beschwerst, wenn du krank und traurig bist oder dich vielleicht alleine fühlst. Mach dir klar, dass alles nur so ist, weil du unbeweglich bist. Deine Unbeweglichkeit lässt dich immer auf derselben Stelle treten und somit rührst du dich nicht vom Fleck.

Jeder Mensch hat Schwachpunkte, besser gesagt, „noch nicht zur Genüge durchlebte Emotionen." Diese „Schwachpunkte" bedeuten: dort habe ich noch etwas nicht zur Gänze erlebt – sonst würde ich vom Leben nicht damit konfrontiert werden. Das Wort „Schwachpunkt" ist auch etwas ungünstig gewählt, denn ich sehe diesen Schwachpunkt nicht als Mangel im Menschen, sondern als einen Punkt, der gestärkt werden möchte. Je stärker er wird – das heisst, je öfter ich ihn durchlebe und mich damit auseinandersetze, desto schneller wandelt sich diese „Schwäche" in etwas, was gestärkt wird. Das hat zur Folge, dass emotionale Belastungen nicht mehr nach aussen treten, hochkommen oder spürbar sein werden.
Auch aus der Neutralität heraus kannst du aus dem Gleichgewicht

geraten, leicht kränklich oder unzufrieden sein – weil es Mensch nur schwer schafft, immer eine absolut neutrale Schwingung zu halten – und dafür bist du *noch* Mensch. Auch wenn du nicht in deiner Mitte verweilst, lässt du es einfach zu, „un-mittig" zu sein – weil es keine Rolle spielt. Du machst deine Zufriedenheit nicht mehr von deinem momentanen Gefühlszustand oder Lebensumstand abhängig. Dies gelingt dir dann, wenn du nicht mehr kämpfst; nicht mehr versuchst, etwas loszuwerden; nicht mehr manipulierst; nicht mehr ignorierst; nicht mehr verurteilst und bewertest – *weil du es einfach sein lässt, wie es ist.*

Was auch immer du ablehnst – seien es dein Schmerz, deine Trauer, deine Angst, dein Ärger, deine Abhängigkeit, dein Partner, die Weltsituation oder was auch immer – jede Ablehnung ist eine Ablehnung gegen dich selbst. *Jede Selbstablehnung bedeutet Selbstzerstörung.* Die Ablehnung richtet sich unwillkürlich gegen dich selbst. Mach dir das bewusst.

Was auch immer Du tust: liebe Dich dafür, dass Du es tust. *Alles geschieht* ***aus und in*** *Liebe* – weil du absolute Liebe bist und du nur so sein kannst, wie es deinen Prägungen und Sichtweisen entspricht. Dann ist vielleicht noch die Vergangenheit schuld, dass du nicht anders sein kannst. Die Eltern, alle vergangenen Partner, alle Erlebnisse sind schuld – weil du glaubst, dass sie dich blockieren. Meine Prägungen kann ich nicht ablegen. Aber ich kann aufhören, daran zu denken, indem ich es mir immer wieder bewusst mache, denn ein Problem entsteht erst dann, wenn ich es gedanklich in mein Bewusstsein ziehe.

Also kann ich das zukünftig – *sein lassen.* Prägungen, Karma etc. existieren auch nur, weil ich mir dies immer und immer wieder bewusst mache". Das mit der Sichtweise kann ich ändern – ich kann und darf die Dinge so sehen, wie ich sie sehen möchte. Indem du z.B. Schuldzuweisungen einer Person zuteilst, hältst du sie in deiner Erinnerung fest. Du kannst sie jederzeit ablegen, diese Erinnerung. Du musst sie nicht immer wieder herbeiholen und darüber nachdenken. Du machst das freiwillig, *es ist deine Entscheidung.* Selbstverständlich gibt es Resonanzen zu vergangenen Erfahrungen. Auf die werde ich

später noch einmal kurz eingehen. Auch wenn ich an etwas nicht mehr denke, können Emotionen in mir hoch kommen, die mich an etwas erinnern, das ich vielleicht längst schon vergessen habe oder das *nur* noch in der Erinnerung der Seele abgespeichert ist. Diese Emotionen, die ich als unangenehm empfinde, können durchlebt und transformiert werden (siehe ***Praxisteil***).
Zur Erinnerung: Du hast im Leben keinerlei Verpflichtungen – du hast in jedem Moment die Möglichkeit, eine Wahl zu treffen.

Kurzgeschichte:
Zwei Mönche ziehen des Weges. Sie erblicken eine gut gekleidete, junge, hübsche Frau am Flussufer, die offensichtlich den Fluss überqueren will. Doch man sieht an ihrem ratlosen Gesicht, dass sie sich ihre Kleider nicht verderben will. Die Mönche kommen näher und treffen auf die Frau. Ohne Zögern bietet ihr einer der Mönche an, sie über den kleinen Fluss zu tragen. Die junge Frau freut sich und klettert auf seinen Rücken. Der andere Mönch blickt seinen Genossen entgeistert an und schüttelt den Kopf. Ohne sich davon beirren zu lassen, trägt der Mönch die junge Frau über den Fluss. Dort angekommen, setzt er sie am trockenen Ufer ab. Die Frau bedankt sich, geht weiter und winkt ihnen noch freundlich zu.
Voller Entsetzen spricht der eine Mönch zum anderen: „Wie konntest du nur?!? Es steht uns nicht zu, eine Frau zu berühren! Noch dazu war das eine sehr hübsche, junge Frau!! Es ist gegen unsere Vorschrift – und du weisst das! Wie konntest du nur gegen unsere Regeln verstossen?!?"
Der zweite Mönch erwidert: "Die junge Frau hat offensichtlich Hilfe gebraucht, und die habe ich ihr angeboten!"
Der erste Mönch wird lauter und ruft: „Aber du weisst, es ist gegen die Vorschrift! Wir dürfen das nicht!! Ich verstehe deine Haltung nicht!!!"
Der zweite Mönch, der die Frau über den Fluss getragen hatte, hüllt sich in Schweigen.
Der erste Mönch fragt noch lauter: „Willst du mir denn keine Antwort geben? Du hast wohl ein schlechtes Gewissen?! Ich hätte dich gleich darauf aufmerksam machen müssen, dass wir das nicht dürfen!!"
Da entgegnet der zweite Mönch: „Ich habe der jungen Frau geholfen und sie am Ufer abgesetzt, du aber trägst sie immer noch mit dir herum!"
(Verfasser unbekannt)

Trägst du auch ständig etwas mit dir herum? Wenn ja, dann ist es jetzt an der Zeit, es jetzt *abzusetzen.* Man würde meinen, es wäre einfacher, etwas Anstrengendes und Mühsames sein zu lassen, als aufrecht zu erhalten. Im Leben verhält sich Mensch komischerweise eher umgekehrt.

Nachdenken. Für uns ein ganz normales Wort. Kennst du den Spruch, dass man bei gewissen Dingen „rot“ sieht? Genau das sollte bei uns Menschen passieren, wenn der Denkapparat rattert. In dem Moment, in dem wir nachdenken, sollte uns unser Gefühl davor warnen. Es sollten Alarmglocken klingeln, die uns davon abhalten, uns unentwegt dem Verstand hinzugeben.
In diesem Schritt dreht sich alles um unseren lieben Verstand. Das kann etwas zermürbend und anstrengend werden. Aber wenn du diesen Schritt gelesen hast, merkst du mit Sicherheit, wie anstrengend dein Nachdenken und somit du selbst – dir gegenüber – sein kannst. Es kommen immer wieder ähnliche Beispiele – der Inhalt ist derselbe. So wie du immer wieder dasselbe denkst, werde ich immer wieder dasselbe in einer anderen Form ausdrücken. Ich konfrontiere dich jetzt mal mit deinen eigenen Waffen. So bemerkst du, wie es ist, ständig um dieselben Gedanken zu kreisen. Wieso dir das viele Grübeln immer noch nicht auf die Nerven geht, ist auch ein Phänomen.
Wenn ich mir jetzt persönlich bewusst mache, wie anstrengend es war, als mein Verstand mich noch beherrschte, lasse ich das Nachdenken doch lieber sein. Nicht schon wieder die ewigen immer wiederkehrenden hirnzermarternden Storys da oben. Nein danke!

Jede bewusste Seele ist sich heute bewusst, worum es in diesem Erdendasein geht. Es geht um die Liebe. Es gibt nichts Neues, was ich dir sagen könnte – du wirst hier nur ständig an dich selbst erinnert. Wie oft haben wir schon gehört: *Sei du selbst, indem du dich hinsetzt, das Denken sein lässt, dein Herz öffnest und einfach nur bist.*
Grosse Worte – und das Lustige ist: *Jeder weiss das.* Nur: wie setze ich das um? Wie mach' ich das? Jetzt haben wir schon viele tolle Bücher gelesen, viele tolle Seminare besucht und viele tolle Gespräche geführt… Doch in all der Wahrheit versuchen wir uns immer noch im Umsetzen und es gelingt uns vielleicht ab und zu – oder eben gar nicht. *Die grosse Frage: Warum funktioniert das bei mir nicht – und funktioniert es überhaupt? Und vor allem: Wie funktioniert es?* Mit den Integrations-Übungen wird es dir gelingen. Dennoch ist es im Prinzip keine Übung, da du nichts üben musst – weil du alles schon in dir hast.

Es ist eine Art „Hilfestellung", wie du den Zugang zu dir öffnest, wie du mit deinen Gefühlen umgehen kannst – um sie zu durchleben, ohne weiterhin dagegen anzukämpfen. Es ist eine Abkürzung, die du wählen kannst oder auch nicht. Je öfter du sie aber anwendest, umso einfacher wird es.
Als mir diese Übungen eingegeben wurden, habe ich sie nicht aus einer Erwartungshaltung heraus angewandt, damit sich dadurch in meinem Leben etwas verändert, **sondern es war ein Bedürfnis der Liebe in mir, *mir selbst,* zu begegnen.** Es war einfach da und ich hab' es genutzt, um mich endlich mit dem Wichtigsten auseinanderzusetzen, das es in diesem Leben für mich gibt: **nämlich mit mir selbst.** Und ich hatte das Gefühl, es war höchste Zeit – denn das Leben wurde unbequem.

In dem Moment, in dem du aus einer Erwartungshaltung heraus über den Verstand etwas versuchst, kann es nicht funktionieren. Der Verstand, der Verstand, der Verstand. Zum Glück gibt es keine Sicherungen da oben, die durchbrennen können. Der Verstand hat eine einzige Aufgabe – er ist hier, um zu denken. Meine Füsse haben eine einzige Aufgabe – sie sind hier, um mich zu tragen.
Benutze ich die Füsse zum Denken? Nein. Warum nicht? Weil sie es nicht können. Warum versuche ich den Verstand immer noch für Dinge zu benutzen, die er gar nicht kann? Schon eigenartig. Er soll eine Lösung finden! Kann er aber nicht! Er soll mir auf all meine Fragen gefälligst eine Antwort geben! Kann er aber nicht!! Er kann denken und für etwas anderes sollte ich ihn auch erst gar nicht benutzen – schon gar nicht zum Nachdenken. Denken und Nachdenken sind wie Tag und Nacht. Hast du beides schon einmal gleichzeitig erlebt? *Wenn ja: sag mir, wo! Da fahre ich dann auch hin!!*

Kein Mensch findet auf der Verstandesebene eine Erklärung für das Funktionsprinzip des Universums, weil man dort keine Antwort finden kann. Jeder weiss zwar in seinem Innersten, wie es funktioniert, aber die wenigsten können es umsetzen. Dies hat nur einen einzigen Grund: weil sie den Zugang des Herzens verschlossen halten. Die, die Liebe leben, können es oft nicht erklären, wie sie es geschafft haben, dorthin zu gelangen und die, die es noch nicht leben, suchen die Antwort immer noch an der „falschen“ Stelle. Der Verstand schwingt mit ca. zwölf Informations-Einheiten pro Sekunde. Das Unterbewusstsein schwingt mit Billionen Informations-Einheiten pro Sekunde. Wenn ich mich auf meinen Verstand reduziere, kann sich „in mir und um mich“ auch nichts bewegen – denn solange ich in der Illusion lebe und glaube, *dass ich mein Verstand bin,* würge ich mich ständig selbst ab. Ich lege mir selbst „Fesseln“ an und bin in meinem Denken gefangen. Jeder Mensch möchte frei sein. Wenn ich mich jetzt mal freiwillig fesseln lasse und sage „Okay, toll! Ich liebe es, mich frei zu bewegen, aber bitte, bitte, bitte, lieber Verstand – lege mich in Fesseln und binde mich an die Materie, damit ich mich nicht mehr frei bewegen kann, ich möchte unbeweglich sein...“. Unglaublich, in welchen Zwang wir uns da freiwillig hinein begeben haben – *hinein geschubst wurden.*

Stellen wir den Verstand mal wie folgt dar: Du hast einen „Kranz“ um deinen Kopf herum. Dieser Kranz ist hohl. In diesem Kranz bewegt sich dein Verstand. Jetzt möchtest du etwas erreichen, etwas tun, etwas ändern. Du kannst nachdenken, wie du willst – es kann sich im Aussen nichts manifestieren, weil du dich innerhalb dieses Kreises bewegst. Alles, was du aus dem Verstand heraus bewegen willst, ist gewollt und manipuliert. Es entspricht nicht dem, was sowieso schon auf dich wartet oder in dein Leben treten möchte – weil das, was kommen will, mit deinem Wollen nichts zu tun hat.

Du suchst einen Job. Du schreibst fünfzig Bewerbungen und bekommst fünfzig Absagen. Dann bist du enttäuscht, weil das Leben deinen Erwartungen nicht entspricht. Wer sagt dir, dass diese fünfzig Stellen für dich stimmig sind? Dass das, was du dir vorstellst, auch das ist, was für dich bestimmt ist und dir entspricht? Nun ist das Vertrauen in dir etwas Passendes zu finden, sowieso schon abhanden gekommen, weil du enttäuscht bist. Obwohl du in diesem Moment nur aus der Illusion in die Realität gerückt worden bist. Die Realität zeigt dir: das Erwartete ist nicht eingetroffen, weil es nicht sein soll. Auch hier handelt es sich lediglich um eine Erfahrung. Wenn man

Erwartungen stellt, kann man mit Enttäuschungen rechnen. Erwartungen sind eine Manipulation an dir selbst und am Leben.
Du hast mit Hilfe des Verstandes etwas gesucht, um Geld zu verdienen. Geld „verdienen“ zu wollen ist ebenfalls eine Illusion. Die „Fülle im Aussen“ kommt automatisch, wenn du in der „inneren Fülle“ – also in der Herzens-Energie – bist. Wenn du eine Dienstleistung anbietest, die auf allen Ebenen harmonisch abläuft und zweckmässig ist, dann kommt automatisch ein Rückfluss, der deinem „Tun“ entspricht, weil er aus deinem Herzen heraus geschieht. Wenn du wüsstest, wie viele tolle Möglichkeiten da draussen auf dich warten – du würdest keine Sekunde überlegen was du tun sollst, sondern endlich damit beginnen, dir selbst zu entsprechen.
Um das zu spüren, was dir entspricht, ist es Grundvoraussetzung, dich vom Verstand zu distanzieren und dich auf die Herzensebene zu begeben. Wie bereits beschrieben ist diese Ebene die einzige, die Fülle aktiviert – weil sie der Fülle entspricht. Du kannst auch nur mit einem „orangen“ Stift orange schreiben. Versuch mit einem "grünen“ Stift orange zu schreiben. Auch dies ist ein Ding der Unmöglichkeit – weil orange nicht grün ist. Weil dein Herz nicht der Verstand ist.
Denk jetzt bitte nicht darüber nach, warum dies so ist und was du jetzt tun kannst oder musst. *Lass das Nachdenken einfach sein* – dann fügt sich alles von selbst. Eines kann ich dir aus eigener Erfahrung sagen: es heisst nicht umsonst „Übung macht den Meister.“. Wenn du die Werkzeuge, die ich dir in die Hand gebe, anwendest, wird es dir auch gelingen. Wenn du weiterhin versuchen willst grün zu schreiben – dann tu es! Mach dir bewusst, du kannst weiterhin aus der Ebene des Verstandes heraus leben, dann musst du aber wie bereits erwähnt (und wahrscheinlich bereits zur Genüge erfahren) mit vielen Höhen und Tiefen rechnen und kannst mit viel Mühe versuchen, es immer wieder irgendwie zu meistern. Aber verurteile nicht dein Umfeld oder das Leben selbst, denn wenn du diese Ebene nicht reduzieren willst, wird es zumindest so bleiben, wie es ist. Es wird eher noch „ungemütlicher“ werden, weil es sich so entwickeln und verhalten wird, wie es dir entspricht.

Wir haben alle das Spüren verlernt – mit Intuition und Gespür zu leben, obwohl es „eigentlich“ unserem Ursprung entspricht: hier wieder das Wort „eigentlich“, das ewige Nachdenken – das stört! Eigentlich – trotzdem – warum und aber, diese ständigen Verstandesfloskeln – weg damit. Wie bereits gesagt: Wir sind nicht zu blöd, um das zu begreifen, da es nichts zu begreifen gibt. Wir sind auch nicht zu blöd, um es umzusetzen. Wir sind nur zu bequem und lieben die Gewohnheit und Sicherheit, die wir glauben zu haben – die es aber sowieso nicht gibt. Wir üben uns seit jeher im Denken und haben uns in das Programm begeben, *zu glauben,* unser Verstand zu sein. Deshalb bedarf es auch ein wenig Geduld, um dies wieder umzuprogrammieren.

Du solltest dir immer wieder bewusst machen, wie einschränkend der Verstand auf dich wirkt, und dass er dich von der Fülle und Zufriedenheit im Aussen abhält. **Deswegen wiederhole ich ja viele Sätze inhaltlich immer wieder: damit es sich in dir einbrennt, sich verankert, sich manifestiert.** Eine Berieselung für den Verstand alleine nützt nicht viel. Er soll und darf es auch verstehen. Er darf denken, er darf „mitspielen“ wollen – er sollte lediglich das Nachdenken sein lassen. Er belästigt uns, und wir lassen diese Belästigungen zu – weil wir ihm diese Macht über uns geben. Er beschäftigt sich halt gerne immer wieder mit der Vergangenheit und mit der Zukunft. Er ist selten im Hier und Jetzt. Er geht mit uns spazieren: in eine unverdaute Erfahrung des Gewesenen oder in ein befürchtetes Ereignis in der Zukunft. Überall spazieren wir mit ihm mit und entscheiden uns *nicht einmal* für „Nein, ich bleib' hier! Durchlebe diesen Mist selbst. Ich möchte nicht darüber nachdenken, was ich als unangenehm empfunden habe und möchte mich auch nicht in dem verlieren, was alles passieren könnte!“
Wir könnten es aber sein lassen, oder? Warum tun wir es nicht? Weil wir es nicht anders gewohnt sind. Weil wir es immer schon so machen, und dies in der Zwischenzeit zu einem automatischen Prozess geworden ist. Der Verstand hat sich verselbstständigt – deshalb erscheint es uns schwierig. Wir haben uns das Denken jahrelang antrainiert. Wir denken ja auch nur so ca. sechzehn Stunden am Tag… Wir leben seit unserer Kindheit in dieser Illusion, zu glauben, zu

meinen, zu denken: „Ich bin mein Verstand.".
Das „Ich", welches ich glaube zu sein, existiert nicht. Der einzige Hinweis, dass es so etwas wie ein „Ich" überhaupt gibt, ist, dass man es wie folgt formulieren kann: „Es denkt in mir.". Millionen von Gedanken wandern täglich durch unser Gehirn und das „Ich" kann heraus suchen, mit welchen Lernprozessen es arbeiten möchte. Das „Ich" klein zu halten bzw. *sein zu lassen* ist die Lösung der Lösungen. Beobachte die Kinder. Sie sprechen bis zu einem Alter von ca. drei Jahren in der Namensform. Sie sehen ihr *Selbst* vom Körper getrennt. „Daniel hat Hunger." und irgendwann sagt das Kind „Ich habe Hunger." Dann gehen die „Probleme" so richtig los! Als Kinder erfahren wir diese realitätsfremde Struktur in relativ kurzer Zeit und sind dieser schneller ausgeliefert, als uns lieb ist. Umfeld, Gesellschaft, Erziehungsstrukturen brennen sich in uns ein und prägen uns unaufhaltsam – um hier nur einige folgenschwere Einflüsse zu nennen. Der kleine Mensch wird abgewürgt. Was passiert?

<u>Bildliche Vorstellung:</u>
In dem Moment, in dem du im Alter von ca. drei bis vier Jahren aus deiner Intuition und selbstverständlichen Liebe heraus gerissen wirst, passiert Folgendes: Du wirst in einen grossen See geworfen. Da schwimmen Milliarden von Menschen. Hier schwimmst du also um dein Überleben. Besser gesagt: du kannst nun selbst sehen, wie du über die Runden kommst. Manchmal ist das Schwimmen anstrengend, weil du nicht viel Platz hast in diesem See voller Menschen und du musst sehen, dass du dich über Wasser hältst.
Manchmal ist es etwas angenehmer. „Geht doch!", denkst du. Du schwimmst so gelassen vor dich hin. Die Sonne scheint und es ist so richtig gemütlich. Kaum hast du in deinem Wohlgefühl etwas gebadet, kommt auch schon wieder eine grosse Welle und zieht dich runter. Immer und immer wieder. Du jappst nach Luft und erholst dich von den Anstrengungen – und ehe du dich versiehst, bekommst du auch schon wieder einen Schlag auf den Kopf – weil einer, der an dir vorbei schwimmt, einfach mehr Platz braucht. Seltsam, du siehst ständig das Ufer, aber warum schwimmst du nicht ans Ufer – an deinen Ursprung – zurück?
Ca. neunzig Prozent der Menschen strampeln sich in diesem Wasser mit viel

Mühe, Widerstand und Kraftaufwand ab – tauchen unter und kommen wieder hoch. Der Unterschied zum Untergang der Titanic ist: alle, die da so vor sich hin schwimmen, können das Ufer sehen. Jetzt frage ich dich noch einmal: Wenn wir alle diesem Ufer entrissen worden sind – warum schwimmt denn keiner zurück?
Weil sich jeder fragt, wie es geht dorthin zurück zu schwimmen anstatt es einfach zu tun. „Hey du! Weisst du, wie ich ans Ufer komme?" „Sehr witzig, wenn ich das wüsste, würde ich doch dorthin schwimmen!" So fragt einer den anderen und überlegt, was er wohl tun könnte. Jeder hat vergessen, dass er aus dem Verstand heraus keine Lösung suchen muss, sondern einfach nur zu schwimmen braucht. ***Einige einfache Bewegungen und Mensch wäre angekommen (… nicht nur am Ufer). Es geht eben nicht darum wie er zurück schwimmt, sondern dass er es tut ohne vorher darüber nachzudenken.*** *Einfach bewegen. Wie im Leben selbst. Es einfach tun, ohne vorher etwas zu wollen – sondern aus der Intuition heraus die Dinge geschehen lassen, indem du es mit deinem Herzen unterstützt. Der Kopf ist Wort und Gedanke, das Herz ist Bild und dazugehöriges Gefühl. Ganz einfach – und sobald du das Letztere wählst, gibt es nichts mehr als das, was du tun müsstest, weil dann alles automatisch geschieht.*

So, und nun übe ich das schon sehr lange: zu „glauben", dass ich mein Verstand bin. Nun kann und soll ich den Verstand aber weder loswerden noch abwürgen – weil er da ist, ein Teil von mir ist und ich ihn ja auch zum Leben brauche. Ich kann aber etwas dazu beitragen ihn Schritt für Schritt „abzutrainieren" – ihn klein zu halten.
Zu sagen: „Ich lasse das Denken jetzt sein.", reicht nicht aus und ich bin mir ja auch bewusst, dass das nicht funktioniert. Es gibt aber eine kleine Hilfestellung um den Verstand in seine Schranken zu weisen. Weiteres findest du im ***Praxisteil Werkzeug Das Denken reduzieren.***

Bildliche Vorstellungen:
Dein Verstand ist Japan. Du bist jetzt – in deinem Verstand – in Japan. Es gefällt dir dort nicht sehr gut und du möchtest gerne das Riesenrad in Wien – das dein Herz darstellt – besichtigen. Jetzt kannst du in Japan (in deinem Verstand) suchen, solange du willst: du wirst dort das Riesenrad (das Herz) nicht finden. Du musst in ein Flugzeug steigen und nach Wien fliegen. Das

heisst, du musst aus deinem Verstand in dein Herz reisen, um das zu finden, was du suchst. Du suchst seit jeher Fülle und Liebe: im – durch den – über den Verstand. Das geht nicht! Versuche, vier Liter Wasser in ein Teeglas zu füllen. Das geht genauso wenig! Es ist wichtig, dir bewusst zu machen, dass du die Frequenz ändern solltest, um dir selbst zu begegnen. Also solltest du von der Ebene des Verstandes auf die Ebene des Herzens überwechseln – das heisst, wir befinden uns immer noch mitten im Umzug. Wenn du eines deiner Bücher suchst, gehst du dann zum Nachbarn, um es dort zu finden oder suchst du es bei dir zu Hause?

Wenn du den Fernseher einschaltest und die Nachrichten sehen willst – aber auf einem Sender gelandet bist, wo gerade eine Unterhaltungs-Sendung kommt: schaust du dir diese Sendung dann an, obwohl du sie echt doof findest oder schaltest du auf den Nachrichten-Sender um? Das heisst: um tatsächlich in dir etwas zu bewegen, solltest du deine momentane tiefe Schwingungsfrequenz des Verstandes gegen die hohe Frequenz des Herzens ersetzen. ***Verstand ist Begrenzung. Herz bedeutet Freiheit.*** *Wenn du ein Buch wie z.B. „Bestellungen im Universum" von Bärbel Mohr liest und während dieser „Anweisungen" und „Übungen" dein Herz geöffnet hast, funktionieren diese Hilfestellungen natürlich immer. Mit geöffnetem Herzen brauchst du aber keine Hilfestellung mehr, weil aus dieser Ebene der Fülle die Fülle auf jegliche Art und Weise automatisch in dein Leben tritt.*

Wie viele Menschen sagen, der Inhalt dieses Buches wäre Schwachsinn – das würde ja nicht funktionieren. Ja,"Kruzifix" noch einmal, wie soll es denn funktionieren?! Aus einer Erwartungshaltung heraus denkst du etwas – und das soll dann eintreffen? Lustig. Echt lustig! Wie soll denn das gehen? Abgesehen davon, dass das gar nicht der Sinn der Sache ist, kann doch ein Satz, den du einfach mal so vor dich hindenkst, nicht die Lösung für ein Problem sein, welches du zu haben glaubst. Es geht einzig und alleine um das Spüren. Wenn du also spürst, dass dir etwas gut tut, dann wird es automatisch in dein Leben treten. Doch: du solltest immer zuerst spüren und dann erst denken. **Herzensbedürfnisse erfüllen sich von selbst.**

Wenn mein Ego aber etwas will, ist das eine andere Sache. Warum sollte ich mir in Gedanken etwas vorstellen? Wenn du eine „Übung" oder Vorstellung nur deshalb machst, um etwas erreichen zu wollen – ohne dabei dein Gefühl zu integrieren – ist es sehr unwahrscheinlich, dass das Erwünschte eintrifft. Auch wenn es eintreffen würde, wäre es – Manipulation. Du musst nicht nachdenken, manipulieren oder eingreifen – denn so verhinderst du lediglich das, was auf dich zukommen möchte. Wenn es ja darum geht, Dinge geschehen zu lassen, dann manipuliere ich sie also nicht bewusst. Ich bin nicht hier, um Dinge zu beeinflussen – sondern um alles, was kommt und was ist, so sein zu lassen, wie es ist.

Bildliche Vorstellung:
Und weil es so viel Spass macht, den Verstand so darzustellen, wie er wirklich ist, hier noch ein paar Beispiele: Wie willst du durch den Verstand etwas erreichen, wenn er nur denken kann? Du kannst auch lange darauf warten, dass deine Katze bellt! Dafür muss sie ein Hund sein. Der Big Boss „Verstand" deines Betriebes Mensch geht jetzt mal in den Keller und tauscht den Platz mit dem Hilfsarbeiter „Gefühl", welcher bis jetzt nur die Brötchen in die oberste Etage des Verstandes gebracht hat und sich dort ab und zu mal kurz blicken hat lassen. Der Verstand gibt seinen Job nicht gerne auf – weil du ihm ja auch brav folgst und den ganzen Müll, den er dir vorgibt, immer wieder brav hinunterschluckst. Du bist ja auch ein toller Arbeitgeber, bei dem sich der Verstand bis jetzt sehr wohl gefühlt hat. Der mit den Brötchen ist aber der, der dir tolle Dinge vorsetzt; dich lenkt; dir nichts einredet; dich nicht bevormundet; dich einfach nur unterstützt und dir jeden Tag ein Wohlgefühl beschert. Kein Druck. Kein Muss. Nur ein Dürfen.

Du bist auf die Erde gekommen, um dich zu erfahren. Du bist auf die Erde gekommen, um glücklich zu sein. Du bist auf die Erde gekommen, um zu lieben. Dafür hast du einen Körper bekommen, der auch nicht *dein* Körper ist – sondern lediglich ein Werkzeug darstellt, das du nutzen darfst, um dich erfahren zu können. Und damit du nicht immer gegen die Wand läufst, wenn du zur Türe rausgehen willst, dich nicht jedes Mal bekleckerst, wenn du Wasser trinkst und nicht jedes Mal gegen einen Baum fährst, wenn du dich mit dem Auto fortbewegst – dafür hat dir der liebe Gott einen Verstand gegeben. *Dafür. Um zu existieren!* Er hat dich mit dem Verstand ausgestattet, damit du denken kannst – aber nicht, damit du den ganzen Tag nachdenkst, dir das Leben schwer machst, grübelst, was alles sein könnte: wenn, aber, trotzdem, vielleicht und überhaupt – und auch nicht, um dich von deinem Verstand beherrschen zu lassen. Du selbst hast deinem Verstand ein Machtmonopol eingeräumt. Nach dem Motto „Mach mit mir, was du willst – du bist der Boss!" Mit diesem Abkommen bist du minderbemittelt und sitzt *aber schon von so was* in der Klemme und immer noch hältst du an dem fest, worin du dich so lange geübt hast: Nachdenken. Hinterfragen. Überlegen. Toll! **Denken musst du, um zu existieren – aber du brauchst das Nachdenken nicht, um zu existieren.**

Worauf ich jetzt gleich noch einmal eingehen werde, das möchte ich im Vorfeld schon mal zusammenfassen: Es geht nicht nur darum, den Verstand zu reduzieren, denn jeder weiss, dass das Denken einen grossen Einfluss auf unser Leben hat und dass es sehr hinderlich sein kann. Es geht aber darum, zu begreifen, dass der Verstand seine Aufgabe hat und die ist eben sehr begrenzt. Du kommst auf die Welt und hast einen Körper, um dich zu bewegen; einen Verstand, um zu denken und für den Rest wären Seele und Herz zuständig. Du benutzt den Körper, um dich zu bewegen und für alles andere nutzt du den Verstand. Herz und Seele hast du ganz elegant zur Seite geschoben. Ganz klar, dass das schief gehen muss, weil *es – und wir* – eben so nicht *gedacht* sind.

Wenn ich mir jeden Tag mit einem übel riechenden alten Putzlappen über das Gesicht wische, wird es für meine Nase ganz sicher nicht angenehm sein. Aber immer noch benutzt du diesen Lappen, den du schon längst entsorgen hättest können. Warum tust du es nicht? Okay, da kommt schon wieder der Verstand. Es ist echt schwierig, nicht nachzudenken. Ja, das stimmt auch – es ist auch nicht einfach. Es ist auch nicht einfach, einen Düsenjet zu fliegen und es ist auch nicht einfach, das Abitur zu bestehen. Es ist „Übungssache" und ständiges Training. Wenn du sie wirklich willst – *die Veränderung in dir,* die in deinem Umfeld und an deinem gesundheitlichen Zustand etwas verbessern kann – dann nimm dir das ***Werkzeug Das Denken***

reduzieren zu Herzen. Es war auch für mich anfangs nicht einfach, dem Verstand immer wieder seinen rechten Platz zuzuweisen – aber ich habe mir ständig gesagt, dass ich es schaffen werde, weil ich es mir so vorgenommen hatte. Zehennägel schneiden macht auch nicht unbedingt Spass – aber man tut es. Also kann ich auch etwas in mein Leben einfliessen lassen, das vielleicht vorerst etwas gewohnheitsbedürftig ist, weil es nicht immer dem absoluten Bedürfnis entspricht. Es sollte aber zu deinem Herzensbedürfnis werden, indem du damit beginnst, dich dem Wesentlichen zu widmen, um deinem wahren Dasein zu begegnen. Wenn ich weiss, dass ein Zeitraum von ca. zwei Monaten realistisch ist, um grundlegende Veränderungen *in mir und* in Folge *um mich herum* zu „verursachen", ist es doch einen Versuch wert. Oder?

Alles, was nicht dem Moment entspricht: *sein lassen*. Ob vergangene Gedanken oder zukünftige Gedanken – beide haben im Moment nichts zu suchen. Sind wir uns immer noch nicht bewusst, dass diese Gedanken unsere Gegenwart und Zukunft kreieren und uns davon abhalten, dem Ruhm und dem Glanz der Seele zu begegnen? Es ist reine Energieverschwendung und es bedeutet, dass wir uns von der Fülle abwenden, weil die Fülle dort nicht zu Hause ist. Ausser der Fülle einer Gedankenflut ist im Kopf nichts zu Hause – und eines können wir hoffen: dass wir in dieser Flut nicht ertrinken.

Ich kann immer wieder nur sagen und wiederholen: Es ist absolutes Training! Du hast dir jetzt jahrelang angezüchtet, aus deinem Verstand heraus zu leben, ihm zu folgen, zu dienen, ihm zuzuhören und ihm alle Macht der Welt zu geben, dich beherrschen zu dürfen. Jetzt übst du das schon ewig, also braucht es auch seine Zeit, dies wieder umzuprogrammieren. Wenn du dazu bereit bist und das Bedürfnis hast, endlich aufzuwachen, um deine Aufgabe hier auf Erden wahrzunehmen, dann wird es aus dem Bedürfnis heraus, „es umsetzen zu wollen" sehr schnell Veränderungen in deinem Leben geben.
Nicht, weil du es willst: Es geschieht von selbst, *wenn du nicht mehr anstrebst*, etwas verändern zu wollen und dich stattdessen so nimmst, wie du bist und den Verstand ein wenig zurechtrückst. Nicht, weil du

dich änderst, sondern, weil sich deine Sichtweise ändert und die Liebe in dir erwacht. Nur Liebe kann alles erreichen. Nur Liebe ermöglicht „heil" zu werden. Bewusst zu werden. Setz es einfach um und frage nicht „Warum?" und „Wie?". Tu es einfach. Wenn wir nur nicht immer vorher denken würden, bevor wir etwas tun. Unser Gefühl sagt uns so oft, was es tun möchte und noch bevor wir es umsetzen können, drängelt sich der Verstand in den Vordergrund. Somit haben wir schon wieder vergessen, was unser Gefühl uns mitteilen wollte: Es wollte uns lenken, aber wir haben unserem Verstand wieder den Vortritt gegeben.
Wenn du nichts mehr willst, will dich das Leben. Es wird dich auf allen Ebenen bereichern und dir die Fülle, in der du lebst – in jeder erdenklichen Art und Weise – zurückgeben...
...und noch viel mehr als das!

So, jetzt erlöse ich dich mal von diesem ewigen Verstandes-Desaster. Und wenn du jetzt „trotzdem" noch etwas nachdenken willst, habe ich hier eine kleine Aufgabe für dich:
Der Mensch wurde durch Erziehung, Umfeld und durch sein angezüchtetes Denken der Realität beraubt und hat sich aus freiwilliger Entscheidung heraus und unter Prägung der Einflüsse von aussen in eine Illusion hineinbegeben. Dieser ungewollte Sprung ins kalte Wasser – wie im bildlichen Beispiel eben dargestellt – ist ein echter Schock. Aber inzwischen hast du dich im Schwimmen geübt und so strampelst du dich ab und hast schon fast eine Auszeichnung als Freischwimmer „verdient". Was erscheint dir schwieriger: Wieder so zu sein, wie du ursprünglich warst – ein Kind mit Intuition, Herz, Aufrichtigkeit und Wahrheit – oder so zu bleiben, wie du jetzt bist. Sich wieder dorthin zu begeben – nämlich ans Ufer zurück – und nicht mehr nach Luft ringen zu müssen, wenn du ab und zu abtauchst, scheint doch einfacher zu sein. Oder? Ist es nicht wirklich der einfachere Weg, endlich aus dem Wasser zu steigen – ohne weiterhin strampeln zu müssen? Sogar vom Verstand her erscheint es doch einfacher, zum Ursprung zurückzukehren (mit kleinen „Übungen": sich wieder umzupolen, sich zu erinnern, sich umzuprogrammieren), als etwas aufrechtzuerhalten, was deinem Naturell überhaupt

gar nicht entspricht.

Und hier noch mal zur Erinnerung: *Wenn du eines Tages den Körper verlässt, gibt es eine einzige Frage, die dir gestellt wird und die lautet: Wieweit hast du dich um dich gekümmert? Das heisst, wie weit hast du dich selbst wahrgenommen und wie bist du mit dir selbst und deinen Emotionen umgegangen? Wieweit hast du es geschafft, dich zu lieben – was lediglich bedeutet, dich so sein zu lassen, wie du bist?*
Was auch immer du hier auf Erden als Mensch so gemacht und gehabt hast, ist und bleibt eine Illusion. Der Schein des Besitztums und der Trug des menschlichen Daseins, zerplatzen wie eine Seifenblase, wenn du eines Tages deinen Körper verlässt.

Wie gerne wir doch immer wieder in die Falle tappen, den Erwartungen anderer zu entsprechen. Echt mühsam! Und immer wieder passiert es uns – mehr als uns lieb ist. Erwartungen ans Leben oder an andere Personen habe ich dann, wenn ich meine Verantwortung abgegeben habe und nicht „aus mir selbst schöpfe". Irgendwann entstehen Trostlosigkeit und Depression, weil alles im Aussen nicht so ist, wie ich es haben will. Es entspricht nicht den Vorstellungen meines Verstandes. Warum muss mir überhaupt irgendetwas oder irgendwer entsprechen? Woher nehme ich die Dreistigkeit, etwas zu erwarten?

Eine depressive Haltung resultiert immer aus erlebten Enttäuschungen und ist gleichzeitig ein Rückzug der Seele, weil sie sich nicht dem Leben stellt. Lieber sucht Mensch im Aussen Verantwortliche für das selbst verursachte Chaos und dies entspringt wiederum einer realitätsfremden Sichtweise. Ob Erwartungen an mich, an jemanden oder ans Leben selbst habe – es ist in jeder Form ein Eingriff, der immer nur im Gegenpol der Realität stattfinden kann. **Jede Erwartung an eine Person gleicht einer *Vergewaltigung* der anderen Seele.** Möchtest du weiterhin *vergewaltigt* werden oder den *Vergewaltiger* spielen? Möchtest du weiterhin in ein Seelenleben eingreifen und dort Macht ausüben, wenn jemand deiner Erwartungshaltung nicht entspricht? Möchtest du auch weiterhin Erwartungshaltungen entsprechen – dich dabei schlecht fühlen, aber es trotzdem tun, damit der andere dich mag? Nein, eher nicht. Es ist kein Wollen oder kein Bedürfnis und entspricht auch nicht deinem Innersten – du tust es nur, damit du gut dastehst. Damit du der Tolle bist, damit man dich mag, damit man nicht schlecht über dich redet oder dich gar verurteilt.

Da haben wir alle wieder mal „ganze Arbeit geleistet", indem wir seit jeher versuchen, jemandem gerecht zu werden. Ist es nicht eher so, dass ich, *wenn ich einer Erwartungshaltung nicht mehr nachkomme und beginne ehrlich mit mir selbst zu sein, dem anderen ein Geschenk mache, indem ich ihn seiner Illusion beraube und ihm die Realität aufzeige?* Ich hole ihn in dem Moment auf den „Boden der Tatsachen" zurück, weil ich ihm in Liebe begegne. Jede Seele, die sich entschlossen hat, mit dir in dein Leben einzutreten, hat das Recht darauf – deiner Seele in Wahrheit und Ehrlichkeit zu begegnen. Keine Seele trifft dich hier auf Erden, um dir *als Mensch, als Schauspieler* zu begegnen. Wie auch immer dein Gegenüber dich wahrnimmt: du bist hier, um ihm als derjenige gegenüberzutreten – als der, der du bist.

Erwartungen entstehen im Ego, im Verstand – sie existieren nur auf dieser Illusions-Ebene. Auf der Herzensebene, der Gefühlsebene – der Ebene der Realität – ist Erwartung ein Fremdwort. Kann ich aus Liebe etwas erwarten? Nein. Liebe erwartet, fordert und will nichts. Liebe ist. Wann beginnen wir uns endlich selbst gerecht zu werden und uns um uns selbst zu kümmern? Was kümmert mich der andere? Wie lange kümmere ich mich weiterhin um alles andere, ausser um mich selbst? Lebe ich für mich oder für den anderen? Scheinbar haben wir uns entschieden, für alles andere da zu sein – ausser für uns selbst. Scheinbar haben wir uns entschieden, für alles andere zu leben – ausser für uns selbst. Scheinbar haben wir uns entschieden, uns um alles andere zu kümmern – ausser um uns selbst.

Wenn ich einer Erwartung nicht entspreche, bin ich ehrlich. Es hat höchste Priorität, ehrlich zu sein. Mir und allem gegenüber. Ehrlichkeit bedeutet Wahrheit. Wahrheit bedeutet Liebe. Ich *vergewaltige* mich nicht mehr selbst, indem ich ehrlich *mit mir* und *zu mir* bin und endlich damit aufhöre, meinem Umfeld etwas vorzuspielen – ständig dem zu entsprechen, was von mir gefordert wird.
Wenn ich dem anderen meine Meinung an den Kopf knalle, ist das auch nicht sehr sinnvoll, da meine Meinung ja nur meine Sichtweise widerspiegelt. Aber ich kann mich mitteilen. *Mit-teilen* bedeutet, das weiterzugeben, was man fühlt. Nicht einfach zu sagen „Das passt mir nicht, das machst du falsch!", sondern du sagst z.B. „Wenn du mich beschimpfst, dann passiert in mir Folgendes: Ich bekomme ein komisches Gefühl, es schnürt mir den Hals zu und ich fühle mich schlecht. Ich weiss, es hat mit dir nichts zu tun. Du bist, wie du bist. Ich möchte dir lediglich mitteilen, was ich fühle." Dann könnt ihr darüber reden und sehen: wie geht ihr damit um? Was könnt ihr tun? Wie

könnt ihr euch gegenseitig unterstützen?".
Und schon würde es keinen Streit mehr geben. Wie kann jemand böse sein, wenn du deine Gefühle kundtust? Er wird wahrscheinlich böse, wenn du ihn als Idioten bezeichnest – weil du ihn bewertest und nicht *bei dir* bleibst. Dann fühlt er sich angegriffen. Auch wenn es sein Thema ist, wenn er sich angegriffen fühlt: du hast ihn auf eine gewisse Art und Weise „angegriffen", indem du ihm aus deinem Verstand heraus begegnet bist. Wenn du aus deinem Inneren heraus kommunizierst, enden die Machtspielchen und du teilst dich lediglich mit. Lass den anderen einfach so sein, wie er ist. Wünschst du dir nicht dasselbe?

Eine harmonische Kommunikation in zwischenmenschlichen Beziehungen sollte stets folgenden Ansatz haben: sich gefühlsmässig mitzuteilen und im Gespräch *bei sich zu bleiben*. Wenn ich mich in einer Unterhaltung mit einer Person angegriffen fühle und in diesem Gespräch über das Verhalten *von oder über ihn* rede – Schuldzuweisungen mache, etwas an ihm bemängle oder ihm etwas vorwerfe – bin ich nicht bei mir. **Eine erwachte Seele ist sich dessen bewusst, dass es überhaupt keine Rolle spielt, was ihr Gegenüber tut, ist, sagt, hat will oder fordert. Es spielt auch keine Rolle, was der andere denkt oder erwartet. Es spielt lediglich eine Rolle, wie du dazu stehst, oder wie du darauf reagierst. Der Mensch, der stets bei sich ist, sich so liebt, wie er ist, lebt Selbstzentrierung – und das bedeutet absolute Neutralität: Nullpunkt-Energie.**

Und so könnte ein (Herzens-) Gespräch aussehen: Das Telefon läutet. Du hebst ab und hörst eine Stimme: „Wie lange du dich schon wieder nicht gemeldet hast! Kennst du mich überhaupt noch?! Du hast ja gar keine Zeit mehr für mich!" Wumm, das hat gesessen! Beklemmung macht sich breit, weil diese Erwartungshaltung des anderen bis in all deine Zellen dringt. Diese Emotionen können echt unangenehm sein. Jetzt kannst du sagen „Ich hatte keine Zeit." Eine Möglichkeit. Aber wenn du dich melden hättest wollen, hättest du dir ja die Zeit dafür nehmen können. Also: entschliesse dich, ehrlich zu sein. „Ich hatte nicht das Bedürfnis, mich bei dir zu melden und mit dir zu reden. Du bist in meinem Herzen und dafür braucht es keine Worte. Ich spiele dir diesen Ball wieder zurück und übernehme das schlechte Gewissen *nicht*, das du mir einreden willst. Ich möchte auch keinen Erwartungen mehr entsprechen. Wenn du dich jetzt enttäuscht fühlen möchtest, dann darfst du das gerne tun." Aus. Punkt. Amen.

Das Leben fordert Ehrlichkeit. In dieser momentanen Raum-Zeit-Qualität geniesst die Ehrlichkeit höchste Priorität: zu sich und zu seinen Gefühlen zu stehen und diese auch nach aussen zu tragen. Wenn ich ehrlich zu mir bin, gibt es kein „Wenn" und „Aber". „Ich bin wie ich bin." und „So fühle ich." – und da die Akzeptanz eines der wichtigsten Dinge im Leben ist, trete ich anderen auch so gegenüber, wie ich selbst behandelt werden möchte.

Nicht zu vergessen ist die Angst, die bei vielen zum Tragen kommt, sich vielleicht ausgeschlossen zu fühlen, ausgelacht oder nicht mehr akzeptiert zu werden. Gerade hier ist es wichtig, zu sich zu stehen und auch hier wiederum *bei sich zu bleiben.* Der Weg des Herzens belohnt dich in Hülle und Fülle, wenn du ihn beibehältst. Alle Abschweifungen wirst du immer „härter" spüren, weil dich das Leben umgehend zurechtweist. Auch wenn es anfangs eine grosse Überwindung braucht, zu dem zu stehen was man fühlt – es wird sich lohnen. Die Menschen, die sich zurückziehen und ihre Gefühle nicht nach aussen tragen, werden die Grösse und Liebe nie erfahren, die auf sie zukommen würde, wenn sie es schaffen – alles was passiert – als *gleich-wertig* zu betrachten. Mit Spott, Ablehnung und Zurückweisung ist zu rechnen, wenn du den Weg der Liebe gewählt hast. Aber was auch immer geschieht, es wird erst dann zu deinem „Problem", wenn du dich weiterhin über das definierst, was sich im Aussen befindet und dich nicht endlich **nur auf dich selbst** besinnst.

Es gibt einen Satz, den ich mir immer wieder in Erinnerung hole, wenn ich auf Menschen stosse, die sich etwas unbewusst – sagen wir mal „sehr menschlich" – verhalten: **„Denn sie wissen nicht, was sie tun.".** Sie haben lediglich vergessen, wer sie sind. Diese Worte werden dir auch irgendwie vertraut und bekannt vorkommen

Wenn man das Denken auf das Notwendigste reduziert, nähert man sich automatisch dem Herzen. Wenn man mit dem Herzen fühlt, stellt sich der Verstand automatisch in den Hintergrund. Noch einfacher ausgedrückt: *zurück zum Kind.* Sei wie ein Kind. Ein Kind bewegt sich so, wie es ihm gerade in den Sinn kommt. Es spricht aus, was es denkt. Es spürt mit dem Herzen. „Was hast du heute für eine lustige Frisur?" „Du hast heute aber ein komisches Kleid an!" „Warum bist du so dick?" „Warum rauchst du soviel? Es stinkt!" Wir könnten diesen köstlichen Kindermund bis ins Unendliche fortführen. Die Menschen lachen – es ist ja „nur" ein Kind. Blöde Aussage. Ein Kind ist der Ursprung. Es ist ehrlich, spontan und unbeschwert. Es ist so, wie wir vom Universum gedacht sind.

Warum sind wir nicht einfach wieder wie Kinder? Man könnte uns auslachen. Wir könnten nicht mehr ernst genommen werden. Man wird uns vielleicht als verrückt abstempeln. Ja und?! Was passiert dann? Dann habe ich etwas „hinter mir gelassen", um mich etwas viel Wertvollerem und Grösserem zu widmen – nämlich der Wahrheit und der Liebe. Und dann kommen wieder die ganz Intelligenten (die, die sich zuviel im Verstand aufhalten) und sagen „Menschen, die so sind, wie sie sind, sind egoistisch und rücksichtslos!". Weil ich diesen Schwachsinn auch noch glaube, habe ich Angst, *zu mir* und zu meinen Gefühlen zu stehen. Also glaube ich, ich darf nicht „nur" an mich denken – das ist schlecht und gehört sich nicht. Es ist ja meine Pflicht, wo ich nur kann, anderen zu helfen, für andere da zu sein und andere zu unterstützen. Nur: die Hilfe, die Mensch meint, ist keine Hilfe in dem Sinne. Wie helfe ich der Seele eines Menschen? Indem ich ehrlich zu ihm (Mensch) und dadurch ehrlich zu *ihr (Seele)* bin. Indem ich *ihr* eben als solche begegne. Es ist niemals eine Verpflichtung – es sollte eines meiner Grundbedürfnisse werden, *ab jetzt* absolute Ehrlichkeit zu leben. Wenn ich jemandem ehrlich gegenübertrete, dann würde sich darin folgende Botschaft verbergen, die einen göttlichen Funken in sich trägt, dessen Leuchten bei folgenden Sätzen spürbar wird:

„Ich gebe dir die Chance, *dich* durch meine Ehrlichkeit, mit der ich dir gegenüber trete, zu erkennen. Das heisst: ich begegne dir in meiner Göttlichkeit. Wenn du dich aber angegriffen, verletzt, abgelehnt oder sogar enttäuscht fühlst, darfst du das gerne tun. Gib bitte aber nicht mir die Schuld, ich hätte dir nicht die Möglichkeit

eingeräumt, dir selbst zu begegnen – nur weil ich aus deiner Sichtweise heraus nicht so war, wie du mich haben wolltest."

Wenn du „nur" für dich bist und dich „nur" um dich kümmerst – ist das egoistisch? Wie kann das egoistisch sein? Du bist ja mit allen Seelen verbunden und weil du „nur" ein Teil der vollkommenen Göttlichkeit bist, kümmerst du dich – wenn du dich „nur" um dich kümmerst – so ganz nebenbei *„nur" um den Rest der Welt.* Weil alles, was du „nur" für dich tust, tust du automatisch „nur" für alle anderen. Jetzt frage ich dich: Was hat hier das Wort „nur" überhaupt zu suchen? Wenn du dich durch deinen Verstand weiterhin von dir selbst entfernst und glaubst, die oder der „Gute" sein zu müssen – indem du dich ständig um andere Menschen oder Dinge im Aussen kümmerst, kümmerst du dich **nicht** um dich selbst.
Ein guter Satz: „Ich kann doch nicht „nur" an mich denken." So ganz nebenbei erwähnt bin ich „nur" der Schöpfer. Ich bin „nur" vollkommen und ich bin „nur" ein Teil der Göttlichkeit. Jetzt frage ich dich noch einmal: Was hat hier bitte das Wort „nur" zu suchen? Echt lustig.

Du kannst einer Freundin zuhören, die Probleme hat. Vielleicht unterstützt du sie auch finanziell. Sie fühlt sich kurzfristig sicher besser – aber vielleicht bringst du sie um einen Prozess, *um eine Erfahrung,* die ihre Seele machen wollte. Also hast du unbewusst – wenn auch „gut gemeint" – in ihr Leben eingegriffen. Toll. Und der Verstand meinte wieder einmal, eingreifen zu müssen.
Na ja, sind wir eben wieder da angelangt, wo wir uns bereits in Kapitel vier aufgehalten haben. Nun übernimm aber auch die Verantwortung für dein Tun. Wahrscheinlich wird sich deine Freundin bald wieder im gleichen Dilemma befinden – wenn sich nicht *in ihr* etwas verändert. Mit „verändern" meine ich nicht, dass *sie sich ändert* – sondern, dass sie die Sichtweise zu ihrer Situation ändert. Das hat zur Folge, dass sich *in ihr und um sie herum* automatisch etwas wandeln wird.
Das gesprochene Wort, welches deinem Verstand entspringt, hilft hier nicht wirklich weiter, weil es in deiner Freundin nichts bewegt und ihr auch keine Lösung bringt. Ihr habt jetzt Meinungen ausgetauscht und

jetzt ist sie um einen Standpunkt reicher – der aber nichts über die Realität aussagt, sondern lediglich deine Sichtweise widerspiegelt und ihre Situation ist immer noch dieselbe. Na so was. Echt blöd gelaufen. Also mach dir bewusst, dass du nicht helfen kannst – sondern erst dann eine Hilfe bist, wenn du vorerst Schritt für Schritt *Liebe in dir* entwickelst.

Wie bereits erwähnt, kann eine so genannte „gut gemeinte" Hilfe eine Erfahrung der Seele nur verzögern bzw. verhindern oder es ergibt sich daraus eine neue Erfahrung, die aber nur aus dieser Verzögerung heraus entstanden ist. Nun heisst es, für diesen Eingriff in das Leben des anderen die bereits erwähnte Verantwortung zu übernehmen. Deshalb sollte man es einfach „sein lassen". Wenn ein Mensch mich um Hilfe bittet, kann ich ihm das Funktionsprinzip des Universums in Form von Informationen nahe legen. Ob und wann er was daraus macht – ob er es umsetzt oder nicht, spielt keine Rolle.
Je mehr Liebe und Mitgefühl ich mir selbst entgegen bringe, umso höher ist meine Schwingung. Wenn ich meine Schwingung erhöhe und mein Bewusstsein dadurch erweitere, bin ich „Hilfe pur": weil ich durch mein „alleiniges Sein" etwas bewege. Ich muss nichts *tun* – „ausser" aus einer erweiterten Schwingungsfrequenz heraus zu *sein*. Mein Umfeld kann sich – wenn es möchte – unbewusst oder bewusst darauf einschwingen. So kann ich im gesamten Planeten-Bewusstsein etwas bewegen und „anschieben" – ohne im Aussen etwas „tun" zu müssen. Es passiert allein durch meine Schwingung, weil meine Liebe „heilt" – alles und grenzenlos. *„Heil sein" bedeutet „bewusst sein"*. Gesundheit hingegen ist eine automatische Wirkung innerer Harmonie. *Selbstzentrierung* zieht also die Gesundheit als angenehme Nebenwirkung nach sich. Ich kann mich krank denken und wieder gesund fühlen.

Zum Thema Kinder, das ich vorhin kurz angedeutet habe, fallen mir in diesem Moment auch noch die Katzen ein. Ich habe zwei davon, zwei lichtvolle Wesen. Auf dem Planeten Sirius gibt es einen eigenen Katzenplaneten von sehr hoch entwickelten Katzenseelen. Das Lustige ist, dass die Erde ursprünglich ja für Tiere vorgesehen war.

Irgendwann brauchte man aber einen „Planeten der Erstklässler" (Reptilien-Bewusstsein), wo unbewusste Seelen Erfahrungen sammeln können und daher befinden wir uns jetzt hier. Manchmal habe ich das Gefühl, es handelt sich hier eher um eine *Sonderschule,* wenn man das Benehmen der Menschen sich selbst und anderen gegenüber beobachtet. Besondere Menschen haben sonderbare Eigenschaften und Verhaltensweisen und die brauchen ein dementsprechendes Umfeld, wo sie sich ungestört *austoben und üben* dürfen.

Unsere Seelen sehen sich nach den Eigenschaften einer Katze. Katzen sind ausdauernd, geduldig, voller Liebe, nicht nachtragend; kommen, wenn sie Aufmerksamkeit und Streicheleinheiten wollen – und gehen wenn, sie „die Schnauze voll" haben. Sie leben wie alle Tiere im Einklang mit der Natur und mit sich selbst. Sie sehen in uns Menschen etwas anderes, als wir in uns sehen. Die Katze fühlt ganz klar: mein Mensch. Er sorgt für mich. Er gibt mir zu fressen. Ich amüsiere mich mit ihm, wenn er denkt, er amüsiere sich mit mir – er ist einfach toll. Aber er kann anstrengend sein, wenn er mir seinen Willen aufdrängen will und vor allem ist er für meine empfindlichen Ohren einfach immer zu laut.
Wenn Tiere verletzt sind, durchleben Sie den Schmerz – sie geben sich dem Schmerz hin. Sie empfinden ihn auch nicht so, wie wir ihn empfinden. Deshalb unterstütze ich so gerne Tiere, weil ich dort immer wieder die schnellsten und enormsten Heilungsprozesse beobachten darf. Der Vorteil beim Tier: es steuert nicht dagegen, das heisst, *es denkt nicht nach.* Es zweifelt nicht. Es nimmt Licht und Liebe in vollem Umfang an und indem es eine Verletzung oder Krankheit durchlebt, ist es schneller wieder auf dem Damm. Weil Tiere nicht wie Menschen in ihrem Denkapparat fest hängen, sind sie „intelligenter". Weil Intelligenz für mich *nicht* bedeutet, „gescheit zu sein" – sondern gleichzusetzen ist mit „nicht nachzudenken", nach der Intuition zu entscheiden und der Intelligenz des Seins zu folgen.
Wenn man jedoch einem Menschen Intelligenz nachsagt, wird es kritisch. Jaja, mein Mann ist sehr intelligent. Prost, Mahlzeit! Auch kein Geschenk. Toll, wenn ich soviel denke und glaube, viel „zu wissen" – und hier meine ich nicht das angelernte Wissen – entferne ich mich

von meinem Urinstinkt, vom Fühlen. Intelligenz misst sich bei Menschen in Schulausbildungen, Prüfungen, Titeln etc.. Wie verkehrt doch alles gewickelt ist. Wir sind verstrickt und verwickelt – so können wir uns wieder *ent-wickeln.* Verstrickungen sind da, um uns zu *ent-wickeln.* Vieles scheint verstrickt und verzwickt – weil wir die Realität zu wenig oder oft gar nicht wahrnehmen.

Alles Wissen basiert grundsätzlich auf dem Wissen alter Kulturen. Dieses Wissen kann jederzeit von jedem, der sich den Energien öffnet, im Kosmos abgerufen werden. Dort ist alles, was sich bis jetzt ereignet hat – alles, was bis jetzt gedacht worden ist bzw. seit jeher existiert – über die Datenbank „morphogenetisches Feld" abgespeichert. Es gibt keine „Formel" und nichts „Neues". Es gibt nur eine „Lösung" und diese Lösung trägt jeder in sich. Und schon wieder kommt dieser tolle Satz zum Tragen: **Die Lösung ist die, dass es gar keine Lösung gibt – weil du selbst die Lösung bist.**

Bis jetzt hast du dich immer wieder „versteckt" und dich in der Reihe ganz hinten angestellt. Ich wiederhole: Geh nach vorne und rufe laut „Für mich alles!". Der nächste kann das ja auch tun. Alle können das tun – wenn nicht: selbst schuld. Aber du hast die Wahl, dich endlich als Teil der Schöpfung zu erkennen und dich auch so zu verhalten.

<u>Bildliche Vorstellung:</u>
Du gehst spazieren. In der Hand hältst du einen Koffer voller Geld. Irgendwann hast du Hunger und kommst an einem Obststand vorbei. Man fragt dich, ob du etwas haben willst und du sagst: „Nein danke, das kann ich mir nicht leisten!". Du hast deinen „Koffer" immer dabei – aber es ist dir nicht bewusst, dass du ihn dabei hast – oder besser gesagt: du hast vergessen, dass du überhaupt einen „Koffer" hast.

Alles, was du dazu brauchst, um glücklich zu sein, trägst du ständig mit dir spazieren. Ja, du hast schon oft gehört, dass du alles hast und bist, was du so herbei sehnst, nur: wie kannst du es verdammt noch mal umsetzen? Jeder sagt dasselbe, und keiner sagt wie es funktioniert. Warum nicht? Vielleicht, weil es niemand weiss? Nein, das Wissen hat

jeder in sich abgespeichert und es ist jederzeit zum Abruf bereit. **Weil man es in Worten nicht erklären kann. Weil sich die Sprache der Lösung, die sich im Herzen befindet, nicht über das Wort, sondern ausschliesslich über das Gefühl definiert.**
Wie aber erkläre ich nun Gefühle in Worten? Im Prinzip unmöglich. Aber ich kann, wie bereits erwähnt – begleitet von Gefühlen – mit Hilfe von bildlichen Vorstellungen (siehe ***Praxisteil***) dorthin gelangen. Wenn du es dann einfach umsetzt: gut. Wenn du es nicht umsetzt: auch gut. Es ist ja deine Entscheidung und die ist so, wie sie ist, immer optimal. Wenn du es aber umsetzen möchtest und vorher darüber nachdenkst, läufst du Gefahr, dass der Verstand versuchen könnte, dich davon abzuhalten – damit du es sein lässt.

Dialoge:

„Heb deine rechte Hand nach oben. Und jetzt sag mir wie du das gemacht hast."
„Hmmmh, weiss ich nicht. Keine Ahnung. Ich habe die Hand einfach nach oben gestreckt."
„Alles klar."

„Du bist in England und musst nun mit dem Auto links fahren. Wie machst du das?"
„Gute Frage – ich fahre links."
„Genau. Und wie geht das?"
„Was, wie geht das?!? Einfach links fahren – indem ich anstatt rechts links fahre!"
„Ja eben! Indem du anstatt links einfach rechts fährst. Das geht automatisch, weil du weisst, wie es geht. So denkst du nicht darüber nach, sondern tust es einfach. Würdest du vorher in den Verstand hineinfallen und es nicht automatisch tun, würdest du dich davon abhalten, einfach links zu fahren. Weil du das aber automatisch tust, fährst du eben einfach auf der gegenüber liegenden Seite."

„Wie komme ich in den Zustand, um einfach nur zu sein?
„Indem du es einfach tust."
„Ja, und wie geht das?"

„Indem du nicht nachdenkst und nicht fragst, wie du es tun sollst – sondern es einfach tust. Das ist genau das, was du verlernt hast: intuitive Spontanität. Weil du eben vorher nachdenkst. Stell es dir einfach vor, indem du es in eine bildliche Phantasie-Reise verpackst und beginnst, diese Bilder zu fühlen."

„Wie kann ich alles einfach so sein lassen, wie es ist?"
„Indem du es tust. Indem du keine Aufmerksamkeit mehr hinein gibst und dich gedanklich nicht mehr in diesen Dingen, die dich scheinbar noch stören, aufhältst. Du kannst dich freiwillig anders entscheiden. Du hast immer die Wahl. Du bist nur etwas aus der Übung."
„Wie denke ich weniger?"
„Indem du das Denken sein lässt."

Immer dieselbe Antwort auf unzählige Fragen. Und da wir seit jeher alles, was wichtig ist, unter den Teppich gekehrt haben, gelingt es mit den beiliegenden Werkzeugen, dahin zu gelangen. Es einfach nur tun, ist dann einfach, wenn man darin geübt ist. Da ich aber automatisch denke „Das kann ich nicht!" – „Das ist schwer!" – „Das gelingt mir nicht!", fällt es uns auch schwer, es umzusetzen. Diese Spontanität haben wir in der Kindheit *irgendwann* hinter uns gelassen. Verdammt lang' her!

So, und nun darf ich mir etwas von dir wünschen. „Spiel mir etwas auf der Harfe vor." Das könnte für dich zu einem Problem werden, wenn du dieses Instrument nicht gelernt hast. Aber es ist ganz einfach – wenn du es kannst, wenn du es gelernt oder schon mal gemacht hast. Wenn nicht, dann ist es sehr schwer. Dann wirst du es auch nicht können – **ausser, du übst dich darin.**
Deshalb gilt auch bei allen angegebenen „Übungen" die du im *Praxisteil* findest: Nimm dir für einen Zeitraum von zwei Monaten vor, es in dein Tagesprogramm einfliessen zu lassen – und es umzusetzen, umzusetzen, umzusetzen. Es wird dadurch in dir etwas wachgerüttelt. Richtig ausgedrückt, ist es lediglich eine Erinnerung an etwas, das du bereits in dir trägst. Ich sage jetzt bewusst nicht „üben", weil das Wort

nicht so passend ist. Tu es (heisst auf französich übrigens: *Du bist.* Wie passend!), mach es, setz es um. Dann wird es einfach. Dann ist es einfach. Nach sehr kurzer Zeit.

„Öffne dein Herz!“ „Wie geht das?“

„Iss deine Suppe!“ Du tust es.

„Geh in die Liebe!“ „Und wie?“

„Lies die Zeitung!“ Du liest sie.

„Nimm dich an, wie du bist!“ „Kann ich nicht – wie mach ich das?

„Sing ein Lied!“ Du singst einfach.

Wenn du es einfach tust, dann hältst du dich nicht davon ab, es umzusetzen. Wie auch bei den Emotionen, die dir unangenehm sind, die dich immer wieder traktieren, die ja alle durchlebt werden möchten, weil sie deiner Seele fremd sind. Genau so ist es mit dem Umsetzen von Dingen, die du tun willst – aber nicht tust, weil du nicht weisst, wie du sie tun sollst. Suppe essen – hast du dir antrainiert. Zeitung lesen – übst du auch schon einige Jahre. Singen – ist einfach, weil du es ja auch schon sehr oft gemacht hast. Und warum kannst du es? Weil du dich darin geübt hast. Das heisst: dein Herz öffnen – hast du vielleicht noch nie bewusst gemacht. Wenn ja: umso besser! In die Liebe zu gehen – hast du auf Befehl wahrscheinlich auch noch nie durchgeführt. Dich anzunehmen, wie du bist – hast du auch nicht auf deinem umfangreichen Tagesprogramm stehen, weil dein Aussen und dein Verstand dir immer wieder sagen und zeigen, wie du sein solltest. Deswegen befindest du dich ja auch in einer unbewussten Selbstablehnung.

Wenn ich mein Herz „verschlossen“ hätte, und du würdest zu mir sagen „Öffne dein Herz!“, dann würde ich es tun. Wie? Indem ich es einfach öffne. So, wie ich einen Schritt nach vorne mache, wenn ich gehe. Dafür muss ich ja vorher auch nicht überlegen. Das vermeintliche „Problem“ ist daher auch hier wieder dasselbe: wenn du vorher denkst, hältst du dich davon ab es zu tun. Weil du, wenn du z.B. dein Herz öffnest, nichts Bestimmtes *in dem Sinne* tun musst, wie dein Verstand es glaubt. **Du öffnest dein Herz, indem du dir ohne zu denken *irgendwie* „vorstellst“, wie es sich öffnet.** Dann kommt dein Verstand und sagt zu dir: „Das kannst du nicht! Das funktioniert

nicht!", und schon bist du wieder im Kopf. Er hat es schon wieder geschafft, dich davon abzuhalten – weil du ihm glaubst.
Du trinkst ein Glas Wasser und jemand neben dir sagt „Das kannst du nicht!" Du trinkst es aus, und er sagt „Das hat aber nicht funktioniert." Glaubst du ihm auch, obwohl du es getrunken hast? Nein, natürlich nicht. Aber dein Verstand kann dir einreden, was er will – weil du das Spüren verlernt hast: **dass dein Herz offen ist, wenn du dir lediglich vorstellst, dass dein Herz aufgeht.** Du gibst deinem Denken die Macht, dich klein zu halten. Beim Wassertrinken sieht dein Auge und spürt dein Mund, dass du getrunken hast. Das ist der Beweis des Verstandes. Dass dein Herz jetzt offen ist, kannst du nicht beweisen. Deswegen glaubst du es auch nicht – weil du es nicht sehen kannst. Weil Mensch glaubt, der Verstand muss alles wissen und alles erklären können. Irrtum! Die Wiederholung der Wiederholungen: Der Verstand kann nur denken. Sonst nichts! Die Hilfestellung, um dein Herz zu öffnen, folgt gleich zu Beginn des ***Praxisteils, Werkzeug eins***.

Es einfach zu tun ohne zu denken, bedarf etwas Übung, ganz klar. Des weiteren ist da nicht nur das ***zweite Werkzeug***, welches du nutzen kannst, um den Verstand kleiner zu halten - auch effektiv ist die Hilfestellung ***Werkzeug drei*** – in Bildern zu „denken", um Emotionen und Situationen zu durchleben – so wie ich auch alles in Bildern erkläre, denn das ist die Sprache des Herzens. Die bildliche Vorstellung der Realität ist nicht gleichzusetzen mit der Visualisierung, ist nicht gleichzusetzen mit dem, durch bildliche Vorstellung gewolltem Herbeiziehen, von Ereignissen. Stattdessen erlebe ich in meinen inneren Bildern etwas, was mir gut tut, was mir Spass macht – weil es gerade da ist und weil ich mich darin wohl fühle. Ich stelle mir nicht alles bildlich vor, was ich gerade erlebe oder so fühle, ich verpacke es nicht in Bildern – die Bilder sind einfach nur da. Situationen und Emotionen werden nicht ausgeschmückt und bis ins Detail bildlich dargestellt, sondern sie präsentieren sich mir – automatisch, von selbst: sie sind „mit etwas Übung" einfach da. Zu Bildern gehören natürlich auch die passenden Gefühle und je mehr du in Bildern „denkst", desto mehr reduziert sich dein Verstand und umso einfacher ist es dann, in der Herzensenergie zu verweilen. Der Gegensatz dazu ist das

Visualisieren. Hier stelle ich mir bewusst einen Endzustand vor, weil ich in meinem Leben etwas ändern möchte. Das Herz wünscht nichts – das Herz ist.
Mit den Hilfestellungen im *Praxisteil* kannst du dir Bilder bewusst herbeiführen. Dies dient nur zur Wiederbekanntmachung deiner Seele mit dir. Infolge geschieht das alles automatisch. Mach es dir nur für eine kurze Zeit bewusst, um dich darin zu unterstützen, das Fühlen wieder zur Gewohnheit werden zu lassen.

Du hast lange gebraucht, bis du sprechen und gehen konntest. Man braucht eine gewisse Zeit, um ein Buch zu lesen – obwohl der Inhalt ja immer da ist. Du übtest dich im Autofahren und in vielen Dingen mehr. Deswegen brauchst du *Geduld und Zeit,* um dich vom Verstand langsam zu reduzieren – weil das nicht in einer Minute gelingen kann. Wisse nicht nur, dass du dafür Zeit brauchst, sondern nimm sie dir und schenk sie dir. Gib sie dir.
Du hast Hunger und möchtest frisches Brot essen. Was machst du? Wartest du zu Hause, bis es zu dir durchs Fenster fliegt oder ziehst du dir eine Jacke über und gehst Brot kaufen? Letzteres ist wahrscheinlicher.
Bei alltäglichen Dingen handle ich einfach, ohne zu überlegen. Würde ich nun denken, mich könnte jemand überfahren, wenn ich aus dem Haus gehe, um Brot zu kaufen; mich könnte der Blitz treffen; mir könnte ein Flugzeugteil auf den Kopf fallen – würde ich aus Angst vielleicht doch nicht losziehen. Mit diesem Beispiel möchte ich aufzeigen, dass ich bei allen Dingen, die für mich Neuland sind, meist automatisch vorher nachdenke, bevor ich handle. Bei allem was dir als Mensch neu ist – wenn du nicht weisst, was auf dich zukommt; wenn du ins Ungewisse gehst; wenn du glaubst, keine Sicherheit mehr zu haben; wenn du denkst, es könnte etwas schief gehen – findet der Verstand immer etwas, um dich zu verunsichern. **Handle das nächste Mal, bevor du denkst.**

Nun geht es auch schon wieder weiter mit Fragen, weil die so viel Spass machen. Besser gesagt: weil mir die Antworten so viel Spass machen! Wie atmest du? Wie schläfst du? Wie trinkst du? Du tust es.

Eben! Und hier folgt auch schon wieder die Antwort auf die Frage: „Wie kann ich weniger denken?" – **„Es sein lassen."**
„Wie kann ich meinen Job ändern? Was kann ich tun?" Ihn einfach beenden. Dann kommt wieder der Verstand und sagt „Das kann ich nicht! Dann habe ich kein Einkommen – und ich brauche doch Geld, um zu leben!" Mit dieser Denkweise wirst du sowieso nie mehr Geld haben können, weil du dich dadurch in deinen Gedanken begrenzt. **Lass das Denken sein und setz die Dinge um, die du tun möchtest.** Jeder sagt „Ich will dies und ich will das!" Du kannst *dies und das* alles „haben", bzw. nutzen, wenn du deinen Verstand einfach Verstand sein lässt und deine Empfindungen umsetzt. Dein Verstand findet tausend Möglichkeiten, warum du etwas nicht tun sollst – und schon lässt du es bleiben.

Weil ich eben *etwas will*, blockiere ich mich – anstatt es zu tun. Wenn es meiner Intuition entspricht, dann brauche ich es nicht mehr zu wollen. Dann setz ich es um. **Die Seele will nichts – die Seele ist.** Sie lebt das, was kommt und das, was da ist – da sich das, was sich im Moment offenbart, *durch ihr „so Sein"* in ihr Dasein begibt.
Es bedarf einer Riesenportion Vertrauen und Urvertrauen, womit wir alle nicht sehr reichlich ausgestattet sind, da wir uns oft *Verletzungen* zugefügt haben und zufügen haben lassen. Das Vertrauen ist uns ein wenig abhanden gekommen, obwohl es zu unserer Grundausstattung gehört. Darum möchte ich dich hier an dieser Stelle wiederum an deine Vollkommenheit erinnern – dir ganz sanft „auf die Zehen treten", um dich mit einem leichten Schubs dazu zu bewegen, deiner Göttlichkeit in Leichtigkeit zu begegnen. Wir haben uns sehr gut darin geübt und es uns angeeignet, uns so gut zu verstellen, dass wir inzwischen Meister darin sind, uns einfach nicht mehr oder nur teilweise wahrzunehmen.

Bei dem vorhin genannten Beispiel mit dem Job, der eventuell nicht mehr für dich passt, möchte ich betonen, dass dies kein Wink ist, deinen Job einfach aufzugeben. Du gibst ihn dann auf, wenn du wirklich bereit dazu bist, wenn die Schmerzgrenze erreicht ist und du für Veränderungen wirklich empfänglich bist. Ihn nur zu beenden, weil du denkst, es sei die richtige Entscheidung, weil dann sowieso etwas Besseres kommt, geht gar nicht. Dann kommt nichts. Wenn du die Entscheidung zu *hundert Prozent* aus dem Herzen triffst, ist es okay. Wenn es eine Kopfentscheidung ist: bleib, wo du bist. Solange du dich fragst, ob und wann du etwas ändern solltest, ist der Zeitpunkt für eine Veränderung noch nicht reif, ansonsten würdest du dich nicht mehr fragen – sondern etwas ändern.

Viele nehmen ihr scheinbar immer noch nicht aufgearbeitetes Karma weiterhin als Vorwand, um die Verantwortung abzugeben. Dieser Satz ist sehr elegant ausgedrückt. Ich würde es so formulieren: Am besten sind die, die sich immer noch auf ihr Karma hinausreden. In diesem Satz bin ich zu Hause. Das ist meine Sprache.
Du kannst dir eines gewiss sein: Wir sind alle schon mehrmals umgebracht und missbraucht worden. Wir sind auch schon Tausende „normaler" Tode gestorben. Wir haben verraten, verachtet, gehasst und gehadert. **Karma existiert nur dann, wenn ich es mir bewusst mache. Alles existiert erst dann, wenn ich es in mein Bewusstsein ziehe. Wenn ich dies nicht tue, existiert es zwar – aber es kann mich emotional nicht belasten.**
Ich habe z.B. Halsschmerzen – also durchlebe ich diese mit dem ***Werkzeug Integration der Gefühle*** (siehe ***Praxisteil***). Schritt für Schritt kann sich nun dieser spürbare Schmerz in mir erst verringern und dann neutralisieren. Wenn ich aber weiss, dass mich mein jetziger Vater im siebzehnten Jahrhundert erwürgt hat: dann Prost, Mahlzeit! Jetzt habe ich nicht nur Halsschmerzen, jetzt muss ich auch noch mit diesem Gewissenskonflikt zurechtkommen: wie böse ich doch mal gewesen sein muss, dass mein Vater mir so etwas angetan hat. Was ich alles so angestellt habe – wie schlimm! Toll, das bringt wirklich sehr viel! Selbstverständlich gibt es Resonanzen zu vergangenen Themen, die ein unangenehmes Gefühl in mir hervor-rufen können. Dann muss ich dem aber nicht auf den Grund gehen, sondern lediglich dieses Gefühl mit einem der ***Werkzeuge*** transformieren. Mehr gibt es auch hier nicht zu tun.

Nehmen wir mal an, du wünschst dir einen Partner. Du hast Sehnsucht nach jemandem. Das ist okay, und es ist menschlich. Plötzlich hast du aber das Gefühl, dass dir ein Partner fehlt. Du möchtest jetzt *sofort* einen Partner! Dir fehlt etwas, aber es ist nicht der Partner, der dir fehlt. Du *aber* definierst dieses „etwas" als Partner. Also fehlt dir dieser lediglich aus deiner Sichtweise heraus. Es fehlt dir jemand, der dich liebt – und weil du dich selbst nicht liebst, soll jetzt mal gefälligst jemand kommen, der dir das Gefühl der Liebe vermittelt. Er soll diesen Mangel ausgleichen. Auch wieder toll! Klasse Vorraussetzung für eine harmonische Partnerschaft. Wäre es nicht sinnvoller zu wissen, wie du es umsetzen kannst, dich selbst zu lieben – damit du beginnst, dich wahrzunehmen und dir vorerst das selbst gibst, was du von einem anderen erwartest? Ist es nicht die Aufgabe deines Daseins, Liebe *zu dir selbst* zu entwickeln, die sich dann automatisch in Liebe *zu allem, was ist,* wandeln kann?

Wenn du etwas willst – bist du im Mangel.
Wenn du etwas wünscht – lebst du im Mangel.
Wenn du nichts mehr willst, kommt automatisch mehr auf dich zu,
weil du aus dieser Harmonie heraus Dinge erschaffst, die du gar
nicht „wollen" kannst –
weil dein Verstand diese Dinge nicht kennt.
Würde er sie kennen, würde er aufhören nachzudenken. Denn dann
würde er merken, wie überflüssig er ist.

Wenn dir etwas fehlt, machst du dir diesen einen Mangel bewusst – und so entsteht dein Problem. Warum lebe ich noch in einem Mangel? Warum fehlt mir überhaupt etwas? Mängel sind die Teilbereiche meiner Seelenstruktur, die ich noch nicht vollständig durchlebt habe – und auch die kann ich Schritt für Schritt „durchleben" und somit integrieren.

Je öfter du einen Mangel durchlebst, desto weniger wird diese Emotion auftauchen und irgendwann brauchst du diese Erfahrung nicht mehr zu machen. **Ein Mangel tritt dann in dein Leben, wenn du dir diesen bewusst machst, indem du einen vermeintlichen Fehlbereich gedanklich herbei holst. Wie sonst glaubst du, könnte ein Mangel entstehen?**

Es macht uns schwermütig, ängstlich und unsicher, unser „altes" anstrengendes Leben abzulegen und uns ins Ungewisse zu begeben, welches prunkvoller und prachtvoller ist, als unser momentanes Erdenleben je sein kann. Weil wir es uns nicht vorstellen können, lassen wir es lieber sein. Dieser Glanz des erfüllten Seelenlebens übertrifft jede erdenkliche Vorstellung bis ins Unendliche. Ich kann es dir in Worten nicht annähernd erklären oder vermitteln, wie es ist; wie es sich anfühlt; wie es sich lebt. Aber ich lade dich dazu ein, es einfach selbst zu erleben.

Wieso verleugnest du dich?
Tust du nicht?
Warum stehst du dann nicht zu dir und sprichst aus, was du fühlst, setzt um, was du spürst und zeigst dich so, wie du bist?
Du kannst dich nicht vor dir selbst verstecken. Du wirst dich immer wieder finden – denn dein Versteck ist fragwürdig. Nein, besser ausgedrückt: es ist nicht besonders einfallsreich. Mit einem Wort: es ist schlecht.

Aus dem Mangel heraus kann ich nichts erschaffen, denn im Mangel existiert keine Fülle. Hör auf, etwas zu wollen, etwas sein zu wollen und etwas zu wünschen, denn es wartet schon lange viel mehr auf dich, als du willst, als du wünschst und als das, was du versuchst, ständig zu sein. Warum tritt es nicht in dein Leben? Weil du es ablehnst, ohne es zu bemerken – denn auf der Ebene des Mangels (Ego, Verstand) befindest du dich in der Ablehnung pur. Kann aus der Ablehnung heraus etwas auf dich zukommen? Auch wenn es Wunder gibt, dieses Wunder kann nicht geschehen. Dein Verstand wird nie gehen, und deine Beine werden nie denken können. Sie sind reduziert auf diese eine Aufgabe, für die sie geschaffen sind - nicht mehr und nicht weniger.

Gott wünscht sich nichts Aussergewöhnliches – er lässt uns unsere , frei gewählten Erfahrungen machen. Er empfiehlt uns ein „Zurückkommen zur Erde".
„Dein Kopf werde zum leeren Raum, weil der Geist nur in ein leeres

Gefäss eintreten kann, so rückst du deiner Meisterschaft näher. Mit vollem Kopf befindest du dich in der Leere – mit vollem Herzen in der Fülle. Meisterschaft spielt sich in Letzterem ab."

Wenn deine Seele eine Erfahrung macht, ist das ja nur eine Widerspiegelung ihrer Form der Beobachtung. Solange du diese Form der Beobachtung praktizierst, bist du also noch mit diesem ganz speziell individuell eingefärbten Erfahrungsprozess konfrontiert. Wenn dieser Prozess beendet ist, ändere die Form der Beobachtung und konzentriere dich auf andere Erfahrungsprozesse, die du in deinem Umfeld zur Genüge findest (Ich verwende hier bewusst nicht das „etwas veralterte" Wort *Lernprozess*, da dieses Wort einen Prozess des Lernens darstellt, wir aber nichts zu lernen haben – da alles Wissen in uns abgespeichert ist. Es ist lediglich ein Erinnern und Wiederentdecken.).

<u>Bildliche Vorstellung:</u>

Ein Kind spielt mit seinem Spielzeug. Es spielt nur so lange, wie es damit spielen möchte, das heisst: bis der Spieltrieb mit diesem speziellen Spielzeug gesättigt ist. Warum glaubst du, spielt ein Kind immer nur sehr kurze Zeit mit einem Spielzeug? Um dich absichtlich zu ärgern, dass du einen gewissen Geldbetrag umsonst ausgegeben hast? Ganz klar, wenn es weiss, wie das Spielzeug funktioniert, wird es uninteressant. Wenn Mensch aber in einer Situation ist, in der etwas nicht so funktioniert, wie er es haben möchte, legt er diesen „Abschnitt" – diese Erfahrung – nicht einfach zur Seite, nein! Im Gegenteil, er breitet eine Picknickdecke aus und lässt sich darauf nieder. Auf Biegen und Brechen versucht er nun, die Situation zu ändern; dagegen anzukämpfen; sie anzuschieben, oder was auch immer ihm noch so Unsinniges dazu einfällt.

Lass es sein. Es hat keinen Sinn. Du verschwendest nur Zeit. Wenn dir das Spass macht, dann ist es auch okay. Es gibt aber einen einfacheren Weg: mach es wie das Kind. Lass Erfahrungen sein, die du nicht machen willst – und lege Dinge zur Seite, wenn es einer anderen Erfahrung bedarf.

Wo ich mich noch ärgere und aufrege, dort ist noch mein Thema vorhanden: ein Erfahrungsprozess, der durch das reale Leben noch nicht gesättigt ist. Das

heisst: wenn ich mich z.B. noch über die Ungerechtigkeit der Millionäre in New York aufrege, brauch' ich bloss dorthin zu gehen und mir das Leben in allen Feinheiten anzuschauen.
Dann komme ich zur Erkenntnis, dass dort die Lebensqualität gleich null ist; dass unter diesen Millionären die häufigsten Sterberaten, Herzinfarkte, Schlaganfälle und Selbstmorde zu finden sind und Stress ohne Ende vorherrscht. Wenn ich die Erkenntnis gewonnen habe, wie die reale Stresssituation dieser Menschen sein kann, dann weiss ich es zu schätzen, welche hohe Lebensqualität z.B. ein Mönch in einem Kloster hat. Dieser hat sozusagen keine Verantwortung für seinen materiellen Besitz – denn er hat keinen.

Eure Welt würde sich nicht in ihrem gegenwärtigen Zustand befinden, wenn ihr aus euren Erfahrungen heraus „gelernt" hättet. Weil ihr nicht auf sie hört, möchten sie stets aufs Neue durchlebt werden.
Hat dir schon mal jemand gesagt, dass du – so wie du jetzt bist – absolut vollkommen bist (ausser vielleicht ich schon einmal in diesem Buch)? Nein? Dann mache ich es jetzt (noch einmal)! Und du bist es – du erkennst es nur nicht, dass du in diesem Moment nur Teilbereiche des Ganzen, *der Vollkommenheit,* erlebst. Diese Teilbereiche sind weder schlimm noch schlecht – es handelt sich, wie bereits gesagt, einfach nur um Erfahrungen. Entscheide dich, diese Erfahrungen, welche stets mit speziellen Emotionen gekoppelt sind, zu durchleben. Dann kommen sie auch nicht immer und immer wieder auf dich zu. Wie das Bumerang-System, in dem du ständig versuchst, den Bumerang loszuwerden, der dir jedoch immer und immer wieder auf den Kopf knallt. *Hatten wir auch schon mal im Text.* Diese Vorstellung macht aber immer wieder Spass, da du ja einfach nur nicht mehr versuchen musst, das Problem loszuwerden. Wenn du erkennst, dass es nur hier ist, um durchlebt zu werden, ist es komplett egal – was es aussagen möchte, wann es entstanden ist, und welchen Ursprung es hat.

Ich möchte dich endlich von deinem grauenhaften Zwang befreien, dich ständig diesem Druck auszusetzen; andauernd etwas ändern, lösen oder werden zu müssen. Du kannst schon mal durchatmen. **Um**

vollkommen zu sein, gibt es nichts, was du vorher tun müsstest. Warum glaubst du, ständig etwas tun zu müssen? Und warum willst du ständig etwas? Warum will ein Mensch z.B. etwas Bestimmtes tun – beispielsweise dasselbe machen wie ich oder andere Menschen? Weil sein Ego es will?! Du aber musst nichts wollen. **Wenn du etwas willst, hältst du dich davon ab, zu bemerken, dass du das, was du sein möchtest, bereits bist. Du bemerkst durch dein ewiges Wollen und Denken nicht, dass du noch vollkommener bist, als dein Denken es sich je erträumen kann.**
Du willst etwas ändern? Du willst dazulernen? Du willst was anderes machen? Du willst. Du willst. Du willst. Du bemerkst aber nicht, dass das, was du genau jetzt tust, vollkommen ist. Weil alles ein Teil der Göttlichkeit ist, und alles durchlebt werden möchte. Dann musst du auch nichts mehr anstreben – sondern dich lediglich in der momentanen Situation wohl fühlen. Bist du traurig? Gut! Je schneller du die Traurigkeit durchlebst, desto schneller rückst du der wahrnehmbaren Freude näher. Also – lass es zu. Wie? Siehe ***Praxisteil Integration der Gefühle.***

Du hörst den ganzen Tag eine CD von Anamcara. Du strickst gerade an einem Pullover. Du liegst im Bett. Du kochst. Es ist sch...egal was du tust. **Wenn du dich wohl fühlst und in deinem Herzen bist, ist alles getan, was zu tun ist. Es geht nicht darum, was du tust – sondern darum, dass du dich wohl fühlst indem du irgendetwas tust. Hab Freude, Liebe und Humor in allem, was du tust – wie du das tust, interessiert niemanden.**
Wir sollten uns bewusst machen, dass nicht nur unser Denken eine Illusion darstellt, sondern auch alles um uns herum illusorisch ist. Unsere Eltern. Unser Job. Unser Partner. Unser Geld. Unser Haus. Unser Auto, und, und, und – alles nur Illusion.

Alles, was ist: eine Illusion. Zum Beispiel Menschen in meiner Umgebung ...

... meine Eltern: eine Illusion. Eltern geben mir die Möglichkeit, herabzusteigen, in eine Hülle zu schlüpfen um mich zu materialisieren.

... mein Partner: eine Illusion. Eine Hilfestellung, um meiner Seele zu begegnen, um mich endlich zu entdecken. Der Partner sollte mich nicht vervollständigen, sondern ich bekomme *durch ihn* die Möglichkeit, meine Vollständigkeit *mit ihm* zu teilen.

Die meisten Menschen gehen aus der Erwartung eine Beziehung ein, soviel wie möglich aus ihr herauszuholen. Sie kümmern sich nicht darum, was sie in diese Beziehung hinein geben können.

... mein Job: eine Illusion. Eine Tätigkeit, die ich ausübe, um mich zu verwirklichen und mein Potential nach aussen zu tragen.

Wenn du glaubst, dass es in deinem Leben darum geht, etwas zu tun – dann hast du den Sinn des Lebens immer noch nicht verstanden. Für deine Seele spielt es keine Rolle, was sie in diesem Leben macht oder nicht macht. Es geht ihr darum, wie du bist – während du bist. Das heisst: der Seele geht es um die Beschaffenheit ihres Daseins. Was auch immer du tust – liebe dich dafür, dass du es tust.

... mein Geld: eine Illusion. Ein Tauschmittel – nicht mehr und nicht weniger. Und solange wir dem Geld hinterher rennen und anstreben, es haben zu wollen, entschlüpft es uns immer wieder elegant aus den Fingern. Auch Geld ist Liebe. Geld wird nur zu Machtausübungen benutzt und zweckentfremdet. Alles hat immer nur den Wert, den du ihm beimisst.

Gedanken erschaffen Realität. Du glaubst, dass du Geld nicht brauchst, dass Geld etwas Schlechtes ist? Aber du selbst meinst, gut zu sein? Dann wirst du sehen, wie weit du damit kommst. Wenn du etwas Sinnvolles anbietest, das dir Freude bereitet, dann wird in jedem Fall ein dementsprechender Ausgleich stattfinden. Deswegen überlege dir gut, womit du deine Zeit verbringen willst.

Stell es dir einfach mal so vor: deine Seele geht auf die Erde und möchte sich erfahren. Dazu braucht sie ein passendes Umfeld. Du bist der Schauspieler und um dich herum wird eine Kulisse aufgebaut, in der du dich darstellen kannst. Du kommst zum Set und nimmst deine Rolle ein. In jedem Erdenleben legst du dir ein Umfeld zurecht mit allem, was dazu gehört. Dein Umfeld ist also nur da, damit du deine Erfahrungen sammeln kannst. Es sind lediglich verschiedene Seelengefährten mit dir mit auf die Erde gekommen, um dich zu unterstützen. Deine vollkommene Seele möchte sich erfahren, also entscheidet sie sich für die Erde, um dort Unvollkommenheit zu erleben. Durch diese kann sie sich dann selbst erkennen.

Wir alle haben vergessen, dass um uns herum nur Menschen sind, die uns auf etwas aufmerksam machen wollen. Sie sind da, um uns zu helfen. Sie sind da, um uns einen Weg zu weisen. Sie sind da, um uns an uns zu erinnern. Wenn du dich von jemandem „angegriffen" fühlst, spiegelt dir dein Gegenüber, *dieser Seelengefährte,* lediglich deine Selbstablehnung wider. **Du kannst dich auch nur angegriffen fühlen, wenn du es zulässt, dich so zu fühlen.**

Weil du diesen „Angriff" als Seele erfahren möchtest. Weil dich dieser Angriff nur auf etwas aufmerksam macht. Das Leben möchte dich nur daran erinnern, wer du bist. Meistens reagierst du dann „menschlich" und blockst ab. Das, was abblockt, ist dein Ego – es fühlt sich verletzt. Eines deiner Gefühle wollte beachtet werden. Das Fazit sieht meistens so aus: dieses komische Gefühl, welches durch dein Ego ausgelöst wurde, war leider wieder mal stärker als der sehnliche, dringliche Wunsch deiner Seele, es endlich durchleben zu dürfen.

Jeder Mensch begegnet dir in seiner Liebe, manch einer in seiner bedingungslosen Liebe – die Mehrzahl wahrscheinlich in ihrer begrenzten Liebe. Ich habe natürlich auch lange Zeit dazu gebraucht, es nicht nur zu wissen – sondern es auch zu fühlen, dass der Mensch in jedem Moment nur sein ihm zur Verfügung stehendes seelisches Potential nach aussen tragen kann. Und doch würde ein Bruchteil einer Sekunde ausreichen, sich innerlich zu öffnen und den Menschen *als solches zu erkennen – als das, was er ist.*

Zu diesem Prozess habe ich eine liebevolle Botschaft parat, die ich dir hier weitergeben möchte.

Vielleicht bewegen sie in dir dasselbe, was sie in mir bewegt haben – als ich das erste Mal einem Menschen mit Liebe gegenübergetreten bin, der mir aus seinem Verstand heraus recht heftige Dinge an den Kopf geworfen hatte. Seine Sichtweise war hart – meine Wahrnehmung weich. Warum? Keine Ahnung. Es war einfach da. Vielleicht spürst du es auch: es war Liebe.

Ich habe mich in meinem Leben oft verletzt, betrogen, belogen, gedemütigt, traurig, hilflos, benutzt und alleine gefühlt.

Ich bedanke mich bei all den Menschen, die mir diese Gefühle vermittelt haben. Ich weiss euren wertvollen Dienst, die liebevolle Erfüllung eurer Aufgabe erst heute zu schätzen.
Bitte verzeiht mir, dass ich euch erst jetzt erkenne! Ich bedanke mich hier und jetzt bei jedem einzelnen, der Teil meines Weges war und ist. Ihr habt mich immer und immer wieder daran erinnert, wer ich bin...

jetzt „weiss" ich es ...

Ich spüre es...
... aus ganzem Herzen.
DANKE.

Denk daran, es gibt immer nur Seelen, die dich – als Menschen verkleidet – unterstützen, indem sie dich liebevoll an das erinnern, was du bist. **Jede Begegnung will nur eines: dich an dich *selbst* erinnern.** Wie auch immer sich ein Mensch dir gegenüber verhält – es ist ein Geschenk. Ein Geschenk des Lebens – an dich. Mag die Verpackung auch noch so lieblos und trügerisch aussehen – der Inhalt ist und bleibt immer derselbe. Der Inhalt ist Liebe. **Alle Menschen sind Liebe. Du musst es nur erkennen.**

Du glaubst, einen Partner nicht zu „bekommen". Du glaubst, er liebt dich nicht, weil er nicht mit dir zusammen sein möchte. Er aber liebt dich. Weil du die Erfahrung gewählt hast, mit ihm keine nähere

Beziehung einzugehen – was du aber nicht „wissen" kannst – schenkt er dir dadurch die Möglichkeit, einen Prozess mit einem anderen Partner zu erfahren.

Du glaubst, dein Vater behandelt dich schlecht, er ist autoritär und ungerecht. Er liebt dich, weil er dir das Geschenk macht, dich durch ihn zu erkennen – zu dir selbst zu stehen.

Alles, was jemand tut, tut er aus Liebe. **Formulierung für den Verstand:** *Alles, was dir jemand „antut", tut er aus Liebe.*

Wisse: alles, was in deinem Leben passiert oder nicht passiert, ist wie bereits erwähnt – ein Geschenk. Du bist immer um eine Erfahrung reicher – egal wie diese Erfahrung auch sein mag.

Viele Menschen suchen immer noch die Ursache für ihre Probleme, die jedoch nur eine verdrehte, verkehrte Sichtweise darstellen. Nicht mehr und nicht weniger. Selbstverständlich wird mir ein Spiegel vorgehalten, und ich weiss, dass das Leben mir etwas sagen will. Aber was genau, spielt hier keine Rolle. Wichtig ist, sich nicht im Detail damit auseinander zu setzen und es auch hier wiederum einfach sein zu lassen. Den anderen *sein zu lassen.* Die Situation *sein zu lassen.* Und wenn ich mich ärgere oder mich verletzt fühle, hadere oder tobe, gilt auch hier: mich selbst *sein zu lassen* – wie auch immer ich in dem Moment gerade bin, fühle, denke, handle. Lehne dich gegen nichts und niemanden auf.

Je stärker du dich einer Sache widersetzt, desto mehr Leben verleihst du ihr. Du verleihst ihr Raum, sobald du dich mit ihr auseinandersetzt und sie ablehnst. Denn alles, was du nicht haben möchtest, tritt automatisch in dein Leben. Ablehnung bedeutet: du willst nichts damit zu tun haben. Wenn deine Seele aber diese Erfahrung braucht, tritt sie in dein Leben, weil diese Ablehnung das anzieht, worauf sie sich konzentriert.

Eine unbewusste Seele ist ein „blinder" Mensch,
der in einer bewölkten Nacht bei Leermond
in einem Haus ohne Licht
eine schwarze Katze sucht – die es gar nicht gibt.
(Verfasser unbekannt)

Wenn du in deinem Leben versäumst, dich zu erinnern; dich zu erkennen; dich zu leben und dich zu lieben – dann hast du nicht buchstäblich „umsonst" gelebt, denn du hast ja Erfahrungen gesammelt. Nur: du hast deinen Auftrag nicht erfüllt. Den Auftrag, weswegen du immer wieder hier bist, nämlich: dich endlich um dich selbst zu kümmern und dich zu lieben. Zuerst dich – in allen Facetten, wie du bist. Und dann? Alles andere fügt sich automatisch in Harmonie, dann kann das wahre Leben, welches Liebe bedeutet, endlich beginnen. Wir alle leben in der Liebe. Egal, ob wir ein Prozent oder neunzig Prozent davon leben. Das Grundpotential ist ja bei allen immer *„hundert"* und der Prozentsatz, den wir nach aussen tragen, obliegt alleine unserer Entscheidung, die wir jeden Tag, jede Stunde, jede Minute, jede Sekunde aufs Neue hin treffen können. Wir würden ohne Liebe ja gar nicht existieren können,
Wir sind nicht hier, um zu leben – wir sind hier, um zu lieben. Man könnte sagen, die Liebe „missbraucht" das Leben, um sich zu erfahren. Das Leben braucht also die Liebe, nur: die Liebe braucht das Leben nicht. Wie kann man das verstehen?
Dazu eine kurze Geschichte: Die Geschichte beginnt mit einem ganz normalen Tag, an dem ich Termine hatte und Telefonate führte. Eine Kundin rief mich an und schilderte mir ihre Ängste und Depressionen. Von Beginn des Gesprächs an spürte ich eine unendliche Liebe, die durch diese Anruferin auf mich wirkte – die jedoch ganz klar einen anderen Ursprung hatte. Während des ganzen Gesprächs hatte ich so das Gefühl, neben mir wäre ein Kind anwesend mit dem Gesicht einer Sonne. Es war so viel Liebe und Wärme zu spüren – einfach unglaublich! Es dehnte sich in mir aus und erweiterte mein Herzzentrum ins Unendliche.
Am Ende des Gesprächs angelangt, erwähnte sie kurz, mit fünfundvierzig Jahren schwanger gewesen zu sein. Seither war schon einige Zeit vergangen. In diesem Moment spürte ich diese Schwingung um mich herum noch intensiver. Und ich wusste: hier war eine Seele anwesend, die etwas mitteilen wollte.
Nachdem die Schwangerschaft festgestellt worden war, hatten ihr Ärzte zur Abtreibung geraten – da diese Schwangerschaft aus Sicht des Umfeldes als schwierige Situation dargestellt wurde. Das Kind würde

nicht unter „normalen“ Umständen auf die Welt kommen. Im Klartext hiess das Folgendes: entweder kommt das Kind mit einer Behinderung auf die Welt, oder es stirbt vor oder nach der Geburt. Schwer abzuschätzen, aber auf alle Fälle würde dieses Kind nicht gesund und ohne Problematik auf die Welt kommen. Die Mutter dieses Kindes entschied sich ohne zu überlegen für dieses Baby, und auch kein Zweifel und Gedanke konnten ihr Herz umstimmen. Sie hatte sich entschieden. Drei Tage nach der Geburt starb das Kind.
So, ein normal denkender Mensch würde sagen „Die arme Mutter! Das arme Kind! Welch schrecklicher Schicksalsschlag! Das Leben kann echt ungerecht sein!“ Meint man. Denkt man. So ist es aber nicht. Die Energie, die ich spürte, war die verstorbene Kinderseele, die mir nach wie vor ihre allumfassende Liebe so selbstverständlich offenbarte, wie es seit Gesprächsbeginn spürbar war.
Ich stellte eine Verbindung zwischen den beiden Seelen (Mutter und Kind) her, und es fand ein kurzes Zusammentreffen mit einer „Absprache“ statt. Diese Kommunikation zwischen zwei Seelen ist ein Austausch, in dem eine Versöhnung, Aussöhnung, Umarmung etc. stattfindet. Diese Begegnung ist immer etwas Einzigartiges. In diesem Moment laufen Millionen von Bildern ab. Ich würde mal sagen, man kann es sich so vorstellen, als ob man hunderte, gar tausende Filme hintereinander ansieht – das Ganze aber innerhalb des Bruchteils einer Sekunde. Es läuft rasend schnell an einem vorbei. Den Seelen selbst wird einiges bewusst – das heisst, sie erleben das so genannte „Aha-Erlebnis“ – oder auch *Seelen-Erkenntnis* genannt, die es innerlich braucht, um alles Gewesene im Einklang mit sich selbst ins Herz aufzunehmen. Eine Art „Verstehen“ auf Gefühlsebene.

Ein kurzes Beispiel, für ein besseres „Verstehen“: Wenn ich mit der Seele meiner jetzigen Mutter (in einem früheren Leben) eine sehr schmerzhafte „Beziehung“ gehabt habe, weil sie mich damals (in einer anderen Raum-Zeit-Qualität) vielleicht „geschlagen“ hat, dann kommen vergangene Bilder im Gedächtnis der Seele wieder hoch, die mit der jetzigen Erfahrung verbunden sind. Das heisst, ich kann mich aus diesen in mir abgespeicherten alten Erfahrungen heraus dieser Seele (meiner Mutter) im Hier und Jetzt nicht öffnen. Es fällt mir

schwer, sie zu lieben, weil ich mich von ihr unbewusst abgelehnt und ungeliebt fühle.
In diesem Moment, in dem diese vergangene Bilder und Impulse vor meinem „inneren Kind" sichtbar werden, wird meiner Seele bewusst, dass sich meine Mutter im jetzigen Dasein – aus dem alten gemeinsamen Erlebten heraus – ja gar nicht anders verhalten kann.
Vielleicht sind beide Seelen in verschiedensten gemeinsamen Leben schon öfters sehr unliebsam miteinander umgegangen – so fühle ich mich ungeliebt und auch die Mutter spürt eventuell die Ablehnung meiner Seele gegenüber oder fühlt sich ebenfalls unbewusst abgelehnt.
Die Erkenntnis dieser inneren Bilder: „Aha, deswegen hat sie sich so verhalten oder verhält sich so! Sie konnte oder kann ja gar nicht anders!" Die Quintessenz des Ganzen: die Seele begreift.

So, zurück zum Telefonat. Ich schilderte der Mutter ganz kurz, dass sich beide Seelen, sowohl sie selbst als auch diese Kinderseele sehr viele Male – auf körperlicher sowie auf seelischer Ebene – immer wieder Schmerzen zugefügt hatten. Diese Verletzungen waren für beide Seiten recht schmerzhaft. Das Kind hatte deshalb bewusst diese „schwierigen" Umstände als Grundvoraussetzungen des neuen Daseins gewählt: es wollte sehen, wie weit es angenommen wird. Da ja schon sehr oft eine gegenseitige Ablehnungshaltung stattgefunden hatte, entschied es sich eben genau *hier und jetzt* für den „Gegensatz des Ideal-Falles": es wählte bewusst die Unvollkommenheit der Körperlichkeit.
Bevor ich also diese Seele ins Licht „nach Hause" begleitete, spürte ich folgende Emotionen, die ich ins Irdische übersetzt in folgende Worte fassen würde: Liebe Seele (Mama), ich bedanke mich von ganzem Herzen für deine bedingungslose Liebe, die du mir entgegengebracht hast. Ohne jegliche Ablehnung hast du mich zu hundert Prozent bejaht. Ich hatte auf körperlicher Ebene ein Dasein gewählt, welches nicht euren menschlichen Vorstellungen entspricht. Wir haben uns neun Monate lang diese absolute Liebe geschenkt und somit konnten wir sehr viele Erdenleben ausgleichen, indem wir den Entschluss unseres Zusammentreffens erfüllt haben, nämlich: uns in Liebe zu begegnen. Diese gemeinsame Zeit war das Höchste, was ich mit dir je

erfahren durfte. Bedingungslos geliebt zu werden und das auch zu spüren, ist das Absolute an Erfahrung und dafür danke ich dir. Drei Tage nach der Geburt habe ich jedoch festgestellt, dass ich mehr erfahren durfte, als ich mir je erträumt hatte – und mehr erfahren habe, als das Leben nur hergeben kann. Deshalb habe ich nach drei Tagen beschlossen, dass es sich nicht mehr zu leben lohnt. Mehr als ich erspüren durfte, kann mir das Leben nicht geben.

„Es lohnt sich **nicht** *mehr* zu leben". Da eine Verneinung von der Seele nicht wahrgenommen wird, ergibt sich daraus Folgendes: „Es lohnt sich ***mehr*** als zu leben". **Das heisst, es gibt viel mehr, das sich lohnt, als das Leben selbst.** Ich erwähne dieses Wort an dieser Stelle nicht schon wieder. Es hat immer noch fünf Buchstaben, beginnt immer noch mit „L" – und endet immer noch mit „e". **Die einzige Aufgabe des Lebens ist es, sich der Seelenerfahrung zur Verfügung zu stellen – damit sich diese dadurch verwirklichen kann.**

Wenn du die eben aufgeführte Begebenheit auf dich wirken lässt, dann erkennst und spürst du eindeutig den Inhalt des Satzes: **„Die Liebe braucht das Leben nicht – aber das Leben braucht die Liebe."**
Das Leben bekommt seinen wahren Inhalt erst mit der Liebe. Der Inhalt und die Wichtigkeit, die wir ihm aus unserem Ego heraus geben, sind mehr als armselig.

Ich bedanke mich am Ende des *Theorieteils* nicht bei ganz bestimmten Personen, denn ich möchte niemanden ausgrenzen. Bedanken möchte ich mich bei allem, was ist. Weil alles, was ist, dazu beigetragen hat, dass ich hier und jetzt dieses liebevolle Buch schreiben durfte.

Ich befand mich in unterschiedlichsten Situationen, begegnete verschiedensten Menschen und erlebte in Hülle und Fülle emotionale Begebenheiten, die nicht facettenreicher hätten sein konnten. All diese genannten Aspekte, haben mich geprägt, geformt und getragen. Sie haben mich auf einen – nämlich auf *den* – Weg gebracht.
Als ich damit begann, mich so langsam diesem inneren Pfad zu öffnen, gab es immer wieder Wegweiser, die eine lichtvolle Richtung zum Herzen hin aufzeigten. Es gibt heute viele Momente in meinem Leben, in denen ich dieses Herz immer wieder ganz still und leise berühre. Und manchmal, …

… ja manchmal, habe ich sogar das Gefühl – für ganz kurze oder auch längere Augenblicke – darin zu wohnen.

Es gibt keinen Fortschritt ohne Krankheit.
Es gibt keinen Wandel ohne Krise.
Es gibt keine Veränderung ohne Angst.
Es gibt keine Erkenntnis ohne Mangel.
Es gibt keine Hingabe ohne Ablehnung.
Es gibt kein Wachstum ohne Schmerz.

Ich durfte Fortschritt erfahren, Wandel erleben, Veränderungen wahrnehmen, zur Erkenntnis gelangen, mich in Hingabe wieder finden und mich am Wachstum erfreuen.

Danke für die Krankheit.
Danke für die Krise.
Danke für die Angst.
Danke für den Mangel.
Danke für die Ablehnung.
Danke für den Schmerz.

Wenn

dich

nichts

mehr

emporheben

und

nichts

mehr

runterziehen

kann,

dann

bist

du

bei dir

angekommen.